Joachim Huber/Karin von Lerber

Handhabung und Lagerung von mobilem Kulturgut

Ein Handbuch für Museen, kirchliche Institutionen, Sammler und Archive

Joachim Huber/Karin von Lerber

Handhabung und Lagerung von mobilem Kulturgut

Ein Handbuch für Museen, kirchliche Institutionen, Sammler und Archive

Der Inhalt dieses Buches wurde nach bestem Wissen und Gewissen erarbeitet. Es wird jedoch jegliche Verantwortung abgelehnt für Beeinträchtigungen von Personen oder Objekten, die aus der Anwendung von in diesem Buch enthaltenen bzw. vermeintlich enthaltenen Informationen entstehen. Im Zweifelsfalle sind unbedingt die entsprechenden Spezialisten hinzuzuziehen.

Publikationen der Abteilung Museumsberatung Nr. 19
LANDSCHAFTSVERBAND RHEINLAND
Rheinisches Archiv- und Museumsamt

Herausgegeben von:
Joachim Huber/Karin von Lerber, Prev*art* GmbH,
Konzepte für die Kulturgütererhaltung, Winterthur (Schweiz)
und
Hartmut John im Auftrag des LANDSCHAFTSVERBANDES RHEINLAND
– Presseamt
– Rheinisches Archiv- und Museumsamt.

Bibliografische Information der Deutschen Bibliothek
Die Deutsche Bibliothek verzeichnet diese Publikation in der Deutschen Nationalbibliografie; detaillierte bibliografische Daten sind im Internet über http://dnb.ddb.de abrufbar.

transcript Verlag | Hermannstraße 26 | D-33602 Bielefeld | live@transcript-verlag.de

Umschlag und Layout: Kordula Röckenhaus, Bielefeld
Satz: more! than words, Bielefeld
Druck: Majuskel Medienproduktion GmbH, Wetzlar
ISBN 3-89942-140-X

Inhaltsverzeichnis

Anhang

→ Geleitwort

Hartmut John

Seit sich Museen vor gut 200 Jahren als öffentlich zugängliche Einrichtungen herausgebildet haben, sehen sie sich gezwungen, einen grundlegenden Zielkonflikt pragmatisch auszubalancieren – den Konflikt zwischen den konträren Museumsaufgaben Bewahren und Präsentieren, »Verschließen« und Zugänglichmachen.

In dem Maße, wie sich die Museen – ausgelöst durch den bildungsreformerischen Impetus der 1970er Jahre – für ein breites Laienpublikum öffneten, hat sich diese labile Balance unübersehbar zu ungunsten von Bestandsbewahrung und Sammlungspflege verschoben. Der politische Legitimationsdruck, dem sich die Museen vor dem Hintergrund des neuen (ökonomischen) Interesses an der Kultur seit den 1990er Jahren zunehmend ausgesetzt sehen, hat den Zwang zu vermehrter Besucher- und Marktorientierung erheblich verstärkt. Infolgedessen weisen Ausstellungsfrequenz und die Zahl der immer aufwendiger inszenierten Blockbuster-Ausstellungen seit Jahr und Tag steil nach oben, dreht sich das »Ausstellungskarussell« mit einem exzessiven, weltumspannenden Leihverkehr immer schneller.

Unter dem Aspekt einer nachhaltigen, auf die langfristige Erhaltung des beweglichen Kulturguts in den Museen zielenden präventiven Bestandserhaltung, ist der nicht selten mit kulturpessimistischem Tremolo beklagte »Tod auf Reisen« und die angeprangerte »Kunst ex und hopp«-Mentalität von Ausstellungsmachern und Kulturmanagern sicher nicht das zentrale Problem.

Denn: Nicht nur, dass die Exponate der Mega- und eventzentrierten Tournee-Ausstellungen überwiegend konservatorisch sorgfältiger und substanzschonender gehandelt und bewegt werden als im »normalen« Museumsalltag z.B. bei Inhouse-Transporten; der Anteil der an Ausstellungsreisen beteiligten Objekte – überwiegend Zimelien und populäre Spitzenwerke – bewegt sich zudem eher im Promille-, denn im Prozentbereich.

Quantitativ und qualitativ erheblich bedrohlicher und gravierender sind die schädigenden Einflüsse, die auf Objekte und Sammlungen innerhalb der oft viel zu wenig schützenden Museumsmauern einwirken – unangemessene Umfeldbedingungen, die die natürlichen Alterungsprozesse von historischen Materialien beschleunigen und der unsachgemäße Umgang mit Kulturgütern. Leider muss man immer wieder feststellen, dass viele der im Zuge des so genannten »Museumsbooms« seit den 1970er Jahren realisierten Um-, Ausbau-, Erweiterungs- und Neubaumaßnahmen konservatorischen Anforderungen an die Bauphysik und insbesondere an die klimatischen Bedingungen in Museumsräumen nicht oder nur unzulänglich genügen. Nicht zuletzt deshalb ist heute z.B. der Insekten- und Mikrobenbefall an mobilem Kulturgut nicht nur – wie gemeinhin angenommen – ein Problem in kleineren ehrenamtlich betriebenen Museen, sondern auch in größeren Einrichtungen mit professionell ausgebildetem Personal.

Im Gegensatz zu punktuellen Objektschäden, die durch unsachgemäßes »Handling« oder unprofessionell durchgeführte Transporte verursacht werden können, wirken Schadensfaktoren, die von nicht optimalen raumklimatischen Bedingungen in Ausstellungsräumen und Depots ausgehen, »flächendeckend« auf die Sammlungen ein. Ähnlich wie Klimaschäden, manifestieren sich auch Lichtschäden häufig subtiler und schleichender als andere Schadensbilder. Vielfach sind sie das Ergebnis kumulativer Prozesse, die als Folge- und Spätschäden beim Objekt in Erscheinung treten. Schadensbilder und verursachende Faktoren können dann vielfach nicht mehr korreliert und im Detail identifiziert werden. Im Leihverkehr zieht das nicht selten versicherungsrechtliche Probleme nach sich.

Hinzu kommt, dass derartige Klima- und Lichtschäden nur in ebenso langwieriger und mühevoller wie kostenträchtiger Kleinarbeit vom Restaurator »behoben« werden können – allerdings immer um den Preis mehr oder weniger gravierender Eingriffe in das historische Materialgefüge und mit entsprechend hohen Verlusten an Originalsubstanz.

Glücklicherweise wächst inzwischen nicht nur in Museumskreisen die Einsicht, dass Vorbeugen und Überwachen professioneller, objektangemessener und natürlich auch wirtschaftlicher ist als Restaurieren oder – im Extremfall – den Totalverlust unwiederbringlicher Kulturgüter zu riskieren. Gleichzeitig wird immer deutlicher, in wie starkem Maße die Lebensdauer von materiellen Kulturzeugnissen durch konservatorisch und sicherheitstechnisch optimierte Umgebungsbedingungen positiv beeinflusst werden kann. Ein neues Verständnis und geschärftes Bewusstsein für die Komplexität der so genannten »passive Konservierung« oder »präventiven Konservierung« vom Lichtschutz bis zur Handhabung von Kulturgut gewinnt in vielen Museen allmählich an Boden. Aber insgesamt sind die Museen noch erheblich von der Einsicht entfernt, dass auch der vorbeugende Objekt- und Sammlungsschutz zu den zentralen Aufgaben eines modernen Museumsmanagements gehört. Diese Managementaufgabe muss von der Museumsleitung in engem Zusammenspiel mit *allen* Personalkräften organisiert und umgesetzt werden. So verstandenes Konservierungs-Management verlangt von den Museen – und anderen historischen »Gedächtniseinrichtungen« – die Entwicklung neuer Organisationsstrukturen, veränderte Aufgaben- und Kompetenzzuschnitte für die Mitarbeiter, einen verbesserten Informationstransfer sowie nachhaltige Fort- und Weiterbildungsanstrengungen.

Neues Denken und Handeln erscheint auf diesem Feld um so dringlicher, als sich die Sicherungs- und Sicherheitstechnik für bewegliches Kulturgut in den letzten Jahren – von vielen Museumsleuten unbemerkt – zu einem komplexen, nur schwer überschaubaren eigenständigen Fachgebiet entwickelt hat, beschleunigt v.a. durch Mikroelektronik, EDV und naturwissenschaftlicher Forschung.

Angesichts dieser Stoff- und Problemfülle ist ein fachlich fundiertes Kompendium – wie das nun vorliegende – umso unverzichtbarer; eine aktuelle Informationsquelle und praxisorientierte Entscheidungshilfe, die den für Schutz und Pflege des beweglichen Kulturguts Verantwortlichen in kompakter, aber dennoch differenzierter Form Auskunft über die professionelle Handhabung und sachgerechte Deponierung der unterschiedlichen Sammlungsgruppen gibt. Joachim Huber und Karin von Lerber haben dankenswerterweise die Mühe auf sich genommen, diesen lange vermissten Leitfaden auf dem neusten Informations- und Kenntnisstand zu erarbeiten. Es ist zu wünschen, dass das vorliegende Handbuch nicht nur ein unverzichtbares Vademecum für Museumsleute, Archivare und Bibliothekare wird. Auch Hochbaudezernenten, Architekten, Lichtplaner und Ausstellungsgestalter ebenso wie Messner und Angehörige des Kulturgüterschutzes werden es hoffentlich intensiv zu Rate ziehen und angehende Restauratoren sollten es als unverzichtbare Orientierungshilfe nutzen. Denn die materielle Substanz unseres kulturellen Erbes bedarf angesichts einer vielfach atemlosen Event- und Erlebnisausrichtung der Museums- und Kulturarbeit mehr denn je der behutsamen und nachhaltigen Nutzung – ähnlich wie die Ressourcen unserer Kulturlandschaft. Gerade die materiellen Hinterlassenschaften unserer Kultur müssen in ihrer Eigenart und ihrem Eigenwert tradiert werden und dürfen nicht für fremde Zwecke und nachrangige Ziele gefährdet, strapaziert oder verschließen werden.

In diesem Sinne wünsche ich dem vorliegenden Handbuch eine positive Aufnahme, weite Verbreitung und viele aufmerksame Leserinnen und Leser.

Hartmut John, Rheinisches Archiv- und Museumsamt/
LANDSCHAFTSVERBAND RHEINLAND

→ Vorwort

Joachim Huber/Karin von Lerber

Die Erhaltung von mobilem Kulturgut[1] beinhaltet einerseits die Handhabung, Pflege und Konservierung[2] des Objekts an sich, andererseits aber auch die Schaffung, Aufrechterhaltung und Kontrolle geeigneter Lagerbedingungen. Zu Letzteren gehören sowohl die Lagertechnik als auch Klima, Licht-, Ultraviolett- und Infrarotstrahlung sowie die Schädlingsprävention. Ein gut geführtes Inventar mit Standortnachweisen trägt im Weiteren dazu bei, die Objekte für die Nutzung in Forschung und Ausstellung leicht zugänglich zu halten. In größeren Institutionen liegen die Aufgaben im Zusammenhang mit der Aufbewahrung und Pflege der Sammlungen bei den Konservatoren/Restauratoren, den Museums- und Depottechnikern sowie den Registraren, um nur die wichtigsten Funktionen zu nennen. Dabei wird jedoch allzu leicht vergessen, dass ein Großteil des materiellen Kulturguts nicht in großen Institutionen mit entsprechend spezialisiertem Fachpersonal liegt, sondern in kleinen, oft ehrenamtlich geführten Museen, Archiven, Kirchen und in privaten Sammlungen. Die verschiedenen Aufgaben in der Erhaltung von Kulturgut werden dabei von wenigen Mitarbeitern, oft sogar von einer einzigen Person wahrgenommen. Die Mitarbeiter kleiner Museen sind denn auch das Zielpublikum dieses Handbuchs.

Immer wieder traten in den letzten Jahren Verantwortliche von kleineren und größeren Museen und Sammlungen sowie Private an den Verband der Museen der Schweiz (VMS) heran und fragten nach einer Publikation, die eine Einführung in die Handhabung und Lagerung von Kulturgut gibt. Das 1978 erschienene schmale Buch von ICOM-Schweiz mit dem Titel »Vom Umgang mit Museumsobjekten – Handhabung, Lagerung, Transport« ist seit längerem vergriffen, und die Kenntnisse zur Handhabung und Lagerung von Kulturgut haben sich in den vergangenen 20 Jahren stark erweitert. Es lag daher nahe, das Handbuch von Grund auf neu zu konzipieren und zeitgemäß zu illustrieren. Das Resultat ist die vorliegende Publikation, welche eine knappe Einführung in die Handhabung und Lagerung von materiellem Kulturgut für eine allgemeine, an Depotfragen interessierte Leserschaft geben will. Objekt- oder materialspezifische Informationen werden bewusst nur insofern gegeben, als sie nicht von Konservatoren/Restauratoren oder anderen Fachspezialisten ausgeführt werden müssen. In erster Linie soll das Handbuch als ein Leitfaden für die Schaffung und Aufrechterhaltung angemessener Aufbewahrungsbedingungen im Depot sowie als Anleitung für die korrekte Handhabung und Lagerung von mobilem Kulturgut dienen.

Es war unser Ziel, ein kompaktes Nachschlagewerk zu schaffen, welches einerseits einen Überblick über die Thematik verschafft, andererseits aber im Depot rasch zur Hand ist und Hilfestellung im alltäglichen Umgang mit materiellem Kulturgut bietet.

Der erste Teil des Buches vermittelt in knapper Form die Grundlagen zu Konzeption und Betrieb eines Kulturgüterdepots, der zweite Teil behandelt Grundsätzliches zur Handhabung von Objekten, während der dritte Teil – nach Sachgruppen geordnet – eine Fülle praktischer Hinweise zur Handhabung und Lagerung der einzelnen Objektgruppen gibt. Dabei sind die Objektgruppen primär als Sachgruppen aufgefasst, wie sie in vielen kulturhistorischen Museen und Sammlungen zu finden sind. Die im Anhang zusammengestellten Internetlinks sowie weiterführende Literatur sind bewusst nicht erschöpfend, sondern umfassen gezielt nebst den wichtigsten Internetportalen für Fragen der Kulturgütererhaltung grundlegende Publikationen als Ausgangspunkt zur vertieften Auseinandersetzung mit einzelnen Aspekten. Leider, aber bezeichnenderweise für die Situation im deutschen Sprachraum, sind die meisten grundlegenden Publikationen in englischer Sprache.

Die Illustrationen von Ursina Lanz lockern den Text auf und bringen gewisse, oft als selbstverständlich erachtete Sachverhalte humorvoll auf den Punkt. In ihrer überspitzten Aussage sollen sie auch aufzeigen, dass nicht immer alles mit tierischem Ernst angegangen werden muss. In der Regel führt der gesunde Menschenverstand, kombiniert mit der eigenen Erfahrung und dem fachkundigen Rat Dritter, zu einer angemessenen und auch bezahlbaren Lösung, um materielles Kulturgut langfristig zu erhalten und künftigen Generationen weiter zugänglich zu halten.

Die Erarbeitung dieses Handbuchs wäre nicht möglich gewesen ohne die Mithilfe zahlreicher Einzelpersonen, welche mit Informationen, Rat und Kritik die Entstehung begleiteten. Ihnen gilt unser besonderer Dank.

Die Publikation wurde durch einen Druckkostenzuschuss des Schweizerischen Kulturgüterschutzes gefördert.

Winterthur, im März 2003
Joachim Huber und Karin von Lerber

Anmerkungen

1 Im Gegensatz zum ortsfesten Kulturgut wie Gebäude, Städtebau, Gärten etc.

2 Die **Pflege** umfasst den Unterhalt des Objekts, soweit sie *nicht* in die Substanz des Objekts eingreift. Die **Konservierung** umfasst nach heutigem Verständnis die Erhaltung des Objektes mit all seinen historischen Veränderungen, d.h. die Substanzerhaltung. Zur Konservierung eines Objekts muss u.U. in dessen Substanz eingegriffen werden, und dies sollte stets durch einen Konservator/Restaurator erfolgen. Unter präventiver Konservierung sind vorbeugende Maßnahmen zum Schutze des Objekts *ohne* Eingriff *am* Objekt selber zu verstehen.
Die **Restaurierung** bezeichnet im Wortsinne die »Wieder-Herstellung« eines (originalen) Objektzustands.
Die **Restauration** hingegen bezeichnet die Wieder-Herstellung einer politischen Situation nach einer Revolution, oder – alltäglicher – in der Gastronomie, die Beförderung des Wohlbefindens durch den Koch und das aufmerksame Servicepersonal.

PIM – unsere **P**erson **I**m **M**useum

Wir würden uns über Anregungen und Kritik zu diesem Handbuch freuen. Senden Sie Ihre Mitteilung an handbuch@prevart.ch.

I. Teil – Voraussetzungen im Depot

→ 1 Einen Depotstandort zur Lagerung von Kulturgut auswählen

Allgemein

Die Suche nach einem Depotstandort bzw. die Planung von Depots hat im Vergleich zu publikumswirksamen Aktivitäten im Museum leider oft nur eine nachrangige Bedeutung. Die Überlieferungswahrscheinlichkeit von Objekten hängt jedoch stark von der sorgfältigen Standortwahl bzw. der Depotplanung und den im Depot erreichbaren klimatischen, hygienischen und sicherheitstechnischen Bedingungen ab.

Hauptrisiken

Drei Faktoren beeinflussen maßgeblich die Qualität eines Depots:

- Die Lage im Gefahrenbereich von Naturgewalten wie Sturm, Überschwemmung, Lawinen, Feuer, Erdbeben etc.
- Beherrschbare äußere Einwirkungen wie Licht, Klima, Schädlinge, Verschmutzung etc.
- Vermeidbare Faktoren wie fehlende Sicherheit (Wertschutz), technische Unzulänglichkeit, menschliche Fahrlässigkeit und ungenügende Mitarbeiterschulung.

Grundsatz

Streben Sie eine durchdachte, langfristig angelegte Lösung für Ihr Depot an und vermeiden Sie Provisorien in baulich und örtlich fragwürdigen Gebäuden. Bestehen Sie darauf, dass das Depot in einem ordentlich unterhaltenen Gebäude untergebracht wird. Bedenken Sie, dass jede Zwischenlösung durch weitere Umzüge zusätzliche Kosten und ein erhöhtes Risiko für die Objekte verursacht.

Naturgewalten

Achten Sie darauf, dass Depots nicht im Gefahrenbereich von Naturgewalten wie Wasser, Schnee und Wind liegen. Vermeiden Sie die Nähe von Gewässern sowie Gebäudeteile im Grundwasser (auch wenn die Abdichtung heute technisch machbar ist). Achten Sie darauf, dass der tiefste Punkt ihres Depots höher liegt als der langjährige Höchstwasserpegel. Da Wasser eine relativ häufige Gefahr ist, sind Räume in Kellern und Untergeschossen diesbezüglich vielfach problematischer als Räume in oberen Stockwerken. In gewissen Regionen ist auch die Erdbebensicherheit ein Thema und sollte v.a. bei Neubauten in die Überlegungen mit einbezogen werden. Grundsätzlich wäre auch die Lagertechik »erdbebensicher« zu konzipieren, so dass im Ereignisfalle von ihr keine Gefahr für die Mitarbeiter ausgeht (z.B. durch umstürzende Regale) und auch keine Objekte Schaden nehmen können (z.B. durch Herausfallen aus dem Regal). Verlassen Sie sich bei der Standortwahl nicht auf die vermeintliche technische Sicherheit und Machbarkeit, sondern auf die langjährige Erfahrung Ortskundiger.

Brandgefahr

Beurteilen Sie ein Depot auch hinsichtlich seiner Brandsicherheit. Holzgebäude ohne Brandschutzeinrichtungen (Brandmeldeanlage, Feuerlöschsysteme etc.) und Gebäude mit veralteten technischen Anlagen stellen ein erhebliches Brandrisiko dar. Auch die Nachbarschaft zu Gewerbebetrieben (z.B. eine Autoreparaturwerkstatt, eine Tankstelle oder ein Schreinerbetrieb) stellt ein nicht zu vernachlässigendes Risiko dar.

Brandmeldeanlagen

Lassen Sie Brandmeldeanlagen regelmäßig warten und kontrollieren. Für den temporären Einsatz auf Baustellen gibt es auch mobile Brandmeldeanlagen.

Brandbekämpfung

Räume in Museen, Archiven, Sammlungen und Depots müssen mit geeigneten Hilfsmitteln zur Brandbekämpfung ausgestattet sein. Sorgen Sie dafür, dass mindestens auf jedem Stockwerk funktionstüchtige Hilfsmittel wie Feuerlöscher, Löschdecken, Haushydranten etc. rasch erreichbar sind und dass das Personal regelmäßig in ihrer Anwendung geschult wird. Stellen Sie sicher, dass technische Hilfsmittel regelmäßig gewartet werden.

Tipp: *Achten Sie darauf, dass im Museums- und Archivbereich keine Pulverfeuerlöscher verwendet werden, da die eingesetzten Chemikalien sehr agressiv sind, Objekte angreifen und sich in feinsten Ritzen und Poren im Gebäude und v.a. am Objekt festsetzen, wo sie oftmals nicht mehr zu entfernen sind.*

Brandabschnitte

Räume in Museen, Archiven, Sammlungen und Depots müssen nach den einschlägigen Vorschriften in Brandabschnitte unterteilt sein. Achten Sie darauf, dass geeignete Brandschutztüren vorhanden sind und dass diese stets geschlossen sind bzw. dass automatische Brandschutztüren sich im Brandfall ungehindert schließen können.

Tipp: *Informieren sie alle Mitarbeiter über getroffene Brandschutzmaßnahmen und Vorbereitungen für den Ereignisfall. Stellen Sie eine regelmäßige Schulung aller Mitarbeiter, vor allem aber auch neuer und temporärer Mitarbeiter sicher, damit diese im Brandfall richtig reagieren können.*

Bauzustand

Achten Sie darauf, dass das Depotgebäude bzw. der Depotraum beim Bezug keine größeren Mängel aufweist, die in absehbarer Zeit Eingriffe notwendig machen. Neue und umgebaute Gebäude sollten vor dem Bezug so lange austrocknen können, dass sich ein angemessenes, stabiles Klima einstellen kann. Dies dauert erfahrungsgemäß mindestens 6-12 Monate!

Tipp: *Alle Baumaßnahmen müssen* vor *dem Bezug vollständig abgeschlossen sein.*

Wasser

Achten Sie darauf, dass sich im Depotraum möglichst keine Wasser- oder Heizleitungen bzw. Abwasserleitungen oder Raumklimageräte mit Wasseranschluss bzw. Wasserabfluss befinden. Sind wasserführende Leitungen und Raumklimageräte in Depoträumen mit vertretbarem Aufwand nicht vermeidbar (z.B. in bestehenden Bauten), achten Sie darauf, dass diese im Bereich der Verkehrswege und nicht über Regalanlagen oder Objekte zu liegen kommen. Liegen die Leitungen über Objekten und lassen sich nicht verschieben, befestigen sie unterhalb wasserführender Rohre eine Auffangwanne, welche mit einem Gefälle das Wasser im Schadensfall zu einem bestimmten Punkt im Raum abführt, wo das Wasser abfließen kann, ohne die Objekte zu beeinträchtigen. Rüsten Sie Abflussrohre eventueller Abflussdolen mit Rückschlagventilen aus, damit im Überschwemmungsfall möglichst kein Wasser durch die Kanalisation eindringen kann. Raumklimageräte geben beim Kühlprozess Wasser ab, das abfließen können muss und das im ungünstigen Falle zu einem Problem werden kann.

Feuchte

Nutzen Sie keine Depoträume, die feucht sind. Achten Sie darauf, dass Dächer intakt und Dachabläufe nicht defekt oder z.B. durch Laub verstopft sind. Kontrollieren Sie diese Aspekte mindestens zweimal im Jahr. Vermeiden Sie es, den Boden um das Gebäude herum bis an die Hausmauer heran zu versiegeln, da sonst aufsteigende Grundfeuchte nicht entweichen und so im Mauerwerk bzw. im Gebäudeinnern Schaden anrichten kann.

Heizung

Depots sind keine Arbeitsräume, sondern in erster Linie Lagerorte. Die Temperatur kann daher minimiert werden. Verwenden Sie zur Heizung keine mobilen Geräte, da diese oft ein Brandrisiko darstellen. So genannte Heizlüfter verursachen zudem abrupte Klimaschwankungen, was nicht erwünscht ist.

Elektroinstallationen

Überprüfen Sie, ob die Elektroinstallationen den heutigen Sicherheitsanforderungen genügen. Veraltete Elektroanlagen sind nach wie vor einer der häufigsten Gründe für einen Brandausbruch (z.B. durch Kurzschluss oder Kabelbrand).

Sicherheit

Vermeiden Sie abgelegene, schlecht einseh- und kontrollierbare Depotstandorte. Das Gebäude sollte mit einem guten mechanischen Einbruchschutz (stabile Türen, möglichst keine Fenster, keine vorstehenden Schließzylinder) sowie nach Möglichkeit mit einer Alarmanlage ausgerüstet sein. Eine Umzäunung bietet zusätzlichen Schutz.

Zufahrt

Die meisten Depots weisen einen geringen Objektumschlag auf. Sorgen Sie dennoch für eine gute Zufahrt, welche mindestens mit einem Lieferwagen, besser jedoch mit einem LKW befahren werden kann.

Zugang
Der Zugang zu den Depoträumlichkeiten sollte nach Möglichkeit über einen Vorraum und nicht direkt vom Freien her erfolgen. Sorgen Sie zudem dafür, dass der Anlieferungsbereich wettergeschützt ist.

Boden
Vermeiden Sie aus Gründen der Sauberkeit und des Raumklimas unbedingt Naturboden im Depot und dessen Zugangsbereich. Entscheiden Sie sich für glatte, zugleich aber rutsch- und abriebfeste sowie pflegeleichte Bodenbeläge.

Licht
Streben Sie ein dunkles Depot – möglichst ohne Naturlicht – an. Vermeiden Sie zumindest jedoch eine direkte Sonneneinstrahlung auf die Objekte.

Siehe auch das Kapitel → *I.3 Licht-, Ultraviolett- und Infrarotstrahlung als Schadensfaktoren für Kulturgut*

Klima
Die klimatischen Verhältnisse (Temperatur und Feuchte) in einem Depot sollten in einem moderaten Bereich liegen, wie er für die überwiegende Anzahl der Objektgruppen erforderlich ist. Diese Bedingungen sollten möglichst ohne aktive Eingriffe (Klimatisierung) über das gesamte Jahr gewährleistet werden können. Nichtisolierte Dachgeschosse und Keller sowie nach Süden exponierte Räume sind diesbezüglich problematischer als andere. Sorgen Sie dafür, dass Heizung und Lüftung in unterschiedlich exponierten Depoträumen – wegen der unterschiedlichen Erwärmung bzw. Abkühlung – unabhängig voneinander regelbar sind (mindestens mit Thermostatventilen an den Radiatoren). Achten Sie darauf, dass sämtliche Öffnungen zum Außenklima hin verschließbar sind. Bedenken Sie, dass das Zuführen feuchter Luft in einen kühleren Raum (z.B. Keller) zu einer Befeuchtung (Sommerphänomen), die Zufuhr von kalter Luft in einen warmen Raum (z.B. geheiztes Zimmer) zu einer Austrocknung (Winterphänomen) führt.

Tipp: *Die Betriebskosten von aktiven Klimaanlagen sind in der Regel hoch. Sie sind daher bereits in der Planungsphase bei der Evaluation der Klimatechnik mit einzubeziehen.*

Siehe auch das Kapitel → *I.2 Klimabedingungen für die Aufbewahrung von Kulturgut*

Schädlinge

Überprüfen Sie vor dem Bezug eines Depots, ob dieses nicht von Schädlingen befallen ist und achten Sie darauf, dass sämtliche Öffnungen ins Freie bis hin zu Ritzen und Fugen gut verschlossen sind, um Schädlingen das Eindringen zu erschweren. Es ist sinnvoll, wenn bei Depotgebäuden Bäume, Sträucher und Begrünung nicht bis ans Gebäude heranreichen und Fassaden nicht bewachsen sind.

Siehe auch das Kapitel → *I.5 Umgang mit Schädlingen*

Reinigung

Eine gute Bauplanung und Bauausführung bei Neu- und Umbauten kann die zukünftigen Reinigungskosten entscheidend beeinflussen. Achten Sie darauf, möglichst wenige Simse, Vorsprünge etc. zu schaffen, auf welchen sich Staub ablagern kann. Verwenden Sie für Wände und Böden glatte, möglichst einfach zu reinigende Oberflächen. Sorgen Sie dafür, dass möglichst keine »toten Winkel« unter bzw. hinter Regalen, Schränken etc. entstehen, welche schlecht zu reinigen sind.

Siehe auch das Kapitel → *I.4 Sauberkeit in den Depoträumlichkeiten*

→ 2 Klimabedingungen für die Aufbewahrung von Kulturgut

Allgemein

Materialien reagieren sehr unterschiedlich auf Schwankungen von Temperatur und relativer Luftfeuchtigkeit. Es ist daher nur schwer möglich, allgemein gültige Werte für ein optimales Klima in Depots und Ausstellungsräumen anzugeben. Wenn möglich sollten die heikleren Objekte oder Objektteile die Vorgaben bestimmen (siehe auch unten in diesem Kapitel → *Temperatur* und → *Relative Feuchte*).

Die Frage nach dem optimalen Aufbewahrungsklima für Kulturgut ist nach wie vor heftig umstritten. Für jedes Material bzw. jede Materialgruppe wären die Anforderungen einzeln zu beurteilen, festzulegen und sodann im Alltag umzusetzen. Da jedoch die meisten Objekte aus mehreren unterschiedlichen Materialien zusammengesetzt sind, können sie nicht einem engen Klimabereich zugeordnet werden, weshalb Kompromisse unumgänglich sind. Zudem lassen die betrieblichen, personellen und wirtschaftlichen Möglichkeiten in den meisten Museen eine starke Differenzierung der Lagerbedingungen innerhalb der Depots gar nicht zu. Für die langfristige Erhaltung von Kulturgut ist das Klima nur einer von vielen – wenn auch ein wichtiger – Faktor. Das Schwergewicht des folgenden Kapitels liegt daher auf der Vermittlung grundlegender Informationen, die im Museumsalltag auch von kleineren Institutionen nutzbringend angewendet werden können. Für weitergehende, den Rahmen dieser Publikation sprengende material- und objektspezifische Empfehlungen zu den klimatischen Lagerbedingungen verweisen wir auf die einschlägige Fachliteratur sowie auf neuere Beiträge im Internet (siehe → *Weiterführende Informationen zum Umgang mit Kulturgut* im Anhang).

Messen

Temperatur und relative Feuchte sind direkt voneinander abhängig. Zeichnen Sie Temperatur und Luftfeuchtigkeit in Depot- und Ausstellungsräumlichkeiten auf. Notieren Sie sich die Maxima- und Minimawerte in einer Liste oder verwenden Sie einen Thermohygrographen, der die Daten kontinuierlich aufzeichnet. Verwenden Sie mechanische oder elektronische Geräte, bei welchen vor Ort Abweichungen von den Vorgaben grafisch auf der Kurve oder durch einen Alarm auf einer Anzeige (LCD-Display) erkennbar sind.

Tipp: *Überwachen Sie das Klima regelmäßig, wenn möglich über das ganze Jahr, und werten Sie die Messdaten systematisch aus.*

Tipp: *Achten Sie darauf, nicht nur in der Raummitte zu messen, sondern v.a. auch an klimatisch gefährdeten Stellen wie z.B. in der Nähe von kühleren Außenwänden, Ecken, Lüftungen, Türen und in Bodennähe. An diesen Stellen wird die relative Luftfeuchte infolge der niedrigeren Temperatur höher als in der Raummitte sein.*

Handeln

Ergreifen Sie Maßnahmen, wenn auffällige Schwankungen oder Extremwerte außerhalb der Toleranzgrenzen auftreten. Ziehen Sie Fachleute zur Analyse der Klimasituation bei und gehen Sie dem Problem auf den Grund.

Temperatur

In vielen Fällen ist es in unseren Breitengraden angemessen, im Depot- und Ausstellungsbereich gemäßigte Temperaturen von 15-18° C im Winter und 20-22° C im Sommer anzustreben. Im Sommer sollten kurzfristige Spitzen von 26° C nicht überschritten, im Winter solche von 13° C nicht unterschritten werden. Meiden Sie als Depotstandorte unisolierte, im Sommer sehr heiße und im Winter sehr kalte Dachgeschosse.

Tipp: *Grundsätzlich gilt, dass eine Reduktion der Temperatur um 5° C bei chemisch wenig stabilen Objekten zu einer ungefähren Halbierung der Zerfallsgeschwindigkeit und somit zu einer ungefähren Verdoppelung der Lebensdauer der Objekte führt. Maßstab bezüglich der Temperatur in einem Depot sollte demnach nicht die Behaglichkeit für den Menschen sein, sondern die möglichst langsame Alterung des Objekts.*

Aus der Sicht der Schädlingsprävention ist (v.a. bei naturkundlichen und ethnografischen Sammlungen) eine Temperatur von 12-13° C anzustreben, da die Fortpflanzung von Insekten unterhalb von 15° C stark eingeschränkt ist (die vorhandenen Tiere können aber sehr wohl noch Schäden anrichten).

Foto- und Filmmaterial ist chemisch relativ instabil. Achten Sie daher darauf, dieses Material möglichst kühl (und trocken) bei Temperaturen unter 16° C (im Idealfall bei ca. 5° C) aufzubewahren.

Um Kondensationsprobleme zu vermeiden, sind Objekte aus »kalten Depots« jeweils langsam an eine wärmeres Klima in Arbeits- und Ausstellungsräumen zu gewöhnen, indem sie in einem mäßig warmen Raum einige Stunden zwischengelagert werden. Belassen Sie die Objekte während dieser Akklimatisationsphase unbedingt in der *un*geöffneten Verpackung.

Relative Feuchte

Luft kann bei verschiedenen Temperaturen unterschiedlich viel Wasser aufnehmen, bis sie gesättigt ist und kondensiert. Bei einer Temperatur von 10° C sind dies z.B. 9,4 g Wasser/m³, bei 15° C 12,8 g Wasser/m³, bei 20° C 17,3 g Wasser/m³. Die relative Feuchte (RF, englisch auch RH für Relative Humidity) bezeichnet den relativen Sättigungsgrad der Luft, also wie viele Prozente der bei dieser Temperatur maximalen Sättigungsmenge an Wasser gerade in der Luft vorhanden sind. Wird die Luft unter idealen Bedingungen und ohne weitere äußere Einflüsse erwärmt, sinkt entsprechend die relative Feuchte (RF). Diese Aussage unterliegt in der Praxis einer Einschränkung, indem sie nur dann exakt gilt, wenn sich im betrachteten Luftraum keine größeren Mengen hygroskopischen (wasserbindenden) Materials wie Holz, Papier, Pflanzen- oder Tierfasern befinden, die das Resultat beeinflussen. Entgegen der Erwartung haben nämlich diese (organischen) Materialien die Tendenz, bei einer Temperaturerhöhung bis zu einem gewissen Grad Feuchtigkeit abzugeben, wodurch die relative Feuchte weiter steigen kann, statt – wie erwartet – zu sinken und die Objekte durch Wasserabgabe austrocknen.

Die relative Feuchte ist dennoch auch im Bereich der Kulturgütererhaltung eine geeignete Maßeinheit, um Aussagen über die Feuchtigkeit der Umgebung zu machen.

Feuchtes Klima

Ein Raumklima mit einer relativen Luftfeuchtigkeit von mehr als 60-65 % RF birgt eine erhöhte Gefahr der Schimmelpilzbildung. Diese Gefahr ist umso größer, je höher die Temperatur und die relative Luftfeuchtigkeit sind und je länger die erhöhten Werte andauern. Die im Falle von Museumsdepots besonders gefährlichen Schimmelpilze entwickeln sich in der Regel am besten in feuchtem oder feuchtwarmem Klima, bevorzugt in Wand-/Bodenbereichen oder sonst kühlen Stellen im Raum. Feuchte Räume entstehen v.a. durch ungünstige Umgebung und unsachgemäße Bauweise oder Renovierung. Teilweise kann auch übermäßiges Befeuchten infolge falsch eingestellter Hygrostaten oder Messung am falschen Ort (Raummitte) oder falsches Lüftverhalten zur Verschärfung des Problems führen. Beim Lüften wird die relative Luftfeuchte ansteigen, wenn sich warme, gesättigte Luft in einem kalten Raum (z.B. in einem massiven Steinbau im Frühling) abkühlt.

Tipp: *Beachten Sie, dass in der Mitte eines Raumes durchaus eine annehmbare relative Luftfeuchte gemessen werden kann, dass jedoch im gleichen Raum in der Nähe von kühleren Wänden die Luft bereits gesättigt ist und ideale Bedingungen für die Bildung von Schimmelpilz abgibt.*

Trockenes Klima

Sehr trockenes Raumklima mit einer relativen Luftfeuchtigkeit von weniger als 35-40 % RF wird für gewisse Metalle, Glasarten, fotografisches Material und hygroskopische Mineralien empfohlen, kann jedoch zur Austrocknung und Versprödung von organischen Materialien (z.B. Leder) führen. Trockenes Klima entsteht v.a. im Winter durch das Beheizen von Gebäuden und Räumen. Teilweise kann auch hier falsches Lüftverhalten zu Problemen führen, wenn beim Lüften im Winter kalte, trockene Luft sich mit der warmen Luft in einem Innenraum mischt und diese weiter austrocknet. Dadurch sinkt die relative Luftfeuchtigkeit.

Feuchte- und Temperaturschwankungen

Wichtig für die Erhaltung von Kulturgt ist, dass Veränderungen im Umgebungsklima möglichst langsam erfolgen und die materialspezifischen Grenzwerte nicht überschritten bzw. unterschritten werden. Kurzfristige Schwankungen sind daher möglichst zu vermeiden. Nach bisherigen Erkenntnissen schadet eine langsame saisonale Veränderung der Klimabedingungen innerhalb der Bandbreite den Objekten in der Regel nicht.

Tipp: *Temperaturen unterhalb von 13° C können für Objekte aus Zinn problematisch werden, da sich die Metallstruktur des Zinns unterhalb dieser Temperatur in* *pulvriges so genanntes α-Zinn umwandeln kann (aber nicht unbedingt muss) und das Objekt dabei zerfällt (so genannte Zinnpest).*

Beachten Sie, dass die Klimaschwankungen in einem Depot im Tagesverlauf 5 % für die relative Luftfeuchte und 2-3° C für die Temperatur nicht überschreiten sollten. Vermeiden Sie offene Türen und Fenster sowohl zum Außenklima als auch zu anders temperierten Räumen hin (z.B. Treppenhäuser).

Die Schwankungen, die durch so genanntes Querlüften entstehen (d.i. die Erzeugung von Zugluft in einem Raum, indem für 4-5 Minuten z.B. zwei Fenster oder Türen geöffnet werden), scheinen nach neusten Erkenntnissen die Objekte weniger zu gefährden als bislang angenommen.

Maßnahmen

Bereits der gezielte Einsatz von Beschattungsmitteln (Storen, Läden, Vorhänge usw.) kann helfen, die Temperaturschwankungen zu verringern.

Zu trockene Raumluft: Reduzieren Sie versuchsweise die Temperatur, indem Sie weniger heizen. Ist dies nicht möglich, kann ein Luftbefeuchter eingesetzt werden. Siehe auch weiter unten in diesem Kapitel → *Eingriffe ins Klima.*

Zu feuchte Raumluft: Kontrollieren Sie die Außenhaut des Gebäudes oder des Raumes. Ist das Dach intakt, sind Wasserleitungen dicht, die Ablaufleitungen frei und die Sickerleitungen der Hauswand entlang funktionstüchtig? Entfernen Sie schattengebende Bäume und Büsche in der Nähe von Gebäuden und achten Sie darauf, dass der Boden nahe der Hauswand nicht versiegelt ist (z.B. zugeteert oder betoniert). Von feuchtem Erdreich umgebene Räume im Keller sind bezüglich Feuchte in der Regel problematischer als oberirdische.

Beachten Sie, dass der Versuch, durch Heizen einen Raum zu entfeuchten, unter Umständen kontraproduktiv sein kann, wenn in dem Raum ein großer Anteil an organischen Werkstoffen (v.a. Holz) eingesetzt bzw. gelagert ist. Entgegen der allgemeinen Annahme haben diese Materialien die Eigenschaft, bei Erhöhung der Temperatur bis zu einem gewissen Grad Wasser abzugeben und selber auszutrocknen, wodurch im Raum die relative Feuchte (RF) stabil bleibt oder gar ansteigen kann.

Technische Eingriffe ins Klima

Benutzen Sie allenfalls im Sommer Entfeuchter bzw. im Winter Befeuchter, um das Klima innerhalb der Toleranzgrenzen zu halten. Verwenden Sie unbedingt durch einen Hygrostat gesteuerte Geräte (siehe auch Stichwort → *Messen* weiter oben in diesem Kapitel) und stellen Sie die Wartung der Geräte sicher (Kondenswasserentfernung bzw. Wassernachschub, Kontrolle des Hygrostats sowie regelmäßige Reinigung). Schlecht gereinigte Be- und Entfeuchter sind ein idealer Nährboden für die Entwicklung und Verbreitung von Schimmelpilzen und Bakterien. Setzen Sie wenn möglich Geräte mit eingebauter UV-Entkeimung ein und verzichten Sie auf die Verwendung chemischer Zusätze im Wasser. Kontrollieren Sie die Feuchtewerte jeweils am kühlsten Ort im Raum.

Tipp: *Modriger Geruch, der den Be- und Entfeuchtern entströmt, ist ein untrügerisches Alarmzeichen für schlechte Wartung der Geräte und akuten Schimmel- und/oder Bakterienbefall, was auch gesundheitlich bedenklich ist.*

Die Bewältigung von Klimaproblemen mit Entfeuchtern ist lediglich eine Symptombekämpfung. Wichtig ist jedoch, die eigentlichen Ursachen zu beheben bzw. eine bessere Ausstellungs- oder Lagerlösung zu finden. Seien Sie zurückhaltend mit der aktiven Klimatisierung durch Klimaanlagen, da deren Betrieb und Wartung aufwändig und teuer ist. Schlecht gewartete bzw. schlecht funktionierende Klimaanlagen sind zudem ein nicht zu unterschätzendes Risiko für die Objekte wie auch für die Gesundheit der sich in diesen Räumen aufhaltenden Mitarbeiter.

Lüften

Beachten Sie, dass unsachgemäßes Lüften (d.h. zu langes Lüften oder zum falschen Zeitpunkt lüften) zu ungewollter Austrocknung (v.a. im Winter) bzw. Befeuchtung (v.a. im Sommer) führen kann. Lüften Sie jeweils nur kurz und intensiv sowie im Sommer bevorzugt in der kühlen Tageszeit am Morgen. Beziehen Sie die Wetterlage in die Entscheidung mit ein, ob und wann Sie lüften (z.B. feuchte Winde vor einem Gewitter befeuchten, während eine trockene Brise austrocknet).

Ziel ist es jeweils, das Klimagleichgewicht in einem Raum innerhalb der Toleranzgrenzen zu halten und nicht nachhaltig zu stören.

Luftzirkulation

Nebst Feuchte und Temperatur spielt auch die Luftzirkulation eine Rolle. Achten Sie darauf, dass in allen Bereichen des Depots die Luft umgewälzt wird und nicht stehen bleibt, da schlechte Luftumwälzung die Entwicklung von Schimmelpilzen begünstigen kann. Halten Sie mit Einbauten und Objekten einen Abstand von mindestens 20 cm zu den Wänden.

Tipp: *Stellen Sie Schränke, Kommoden etc. so auf, dass unter und hinter dem Objekt eine Luftzirkulation möglich ist (keine geschlossenen Sockel).*

Vermeiden Sie hermetisch verschlossene Verschieberegale, Schränke und Schubladen. Behängen Sie verschiebbare Gitterwände nicht allzu dicht und lassen Sie oben und unten mindestens 20 cm der Gitterfläche frei, damit die Luft zirkulieren kann.

Bedenken Sie, dass der Nutzen einer Luftzirkulation stets gegen das Risiko einer Staubablagerung abzuwägen ist.

Tipp: *Der Einbau von neuen Fenstern in Gebäuden führt oft infolge besserer Abdichtung zu einem veränderten, meist feuchteren Klima im Rauminnern. Treffen Sie umgehend Maßnahmen, wenn nach einem Umbau vermehrt Schimmel auftritt, indem Sie für eine bessere Belüftung sorgen.*

Transportieren/Verpacken

Den größten Klimaschwankungen sind Objekte beim Transport ausgesetzt. Der Objektverpackung kommt daher eine große Bedeutung zu. Lassen Sie sich bei der Materialwahl für die Verpackung von einer Fachperson mit Museumserfahrung beraten. Lassen Sie das Verpackungsmaterial mindestens 24 Stunden an dem Ort, an dem die Verpackung erfolgen wird, akklimatisieren. Verpacken Sie die Objekte für den Transport mehrschichtig und schützen Sie das Objekt *und* die Verpackung vor Nässe. Sorgen Sie dafür, dass die Be- und Entladung von Fahrzeugen rasch und möglichst wenig im Außenklima erfolgt.

Geben Sie dem Objekt auch Zeit, sich an einen neuen Aufbewahrungsort zu gewöhnen, indem Sie es wiederum mindestens 24 Stunden am neuen Ort *in* der Verpackung zur Akklimatisation stehen lassen, *bevor* Sie es auspacken.

Ein Depot bauen

Rechnen Sie bei Um- und Neubauten genügend Zeit für die Bauaustrocknung, die Trocknung von Anstrichen und das Auslüften von Schadstoffen ein. Setzen Sie geprüfte, schadstoffarme Materialien und Trockenbauweisen ein. Nutzen Sie Depot- und Ausstellungsräume erst, wenn ein stabiles Klima über längere Zeit (mehrere Monate) erreicht ist. Bei gemauerten oder betonierten Gebäuden kann dies bis zu einem Jahr nach Fertigstellung sein.

Ziehen Sie bei Baumaßnahmen Spezialisten hinzu, welche mit der Depot- und Museumsproblematik vertraut sind und vereinbaren Sie mit den Fachplanern klare und erreichbare Zielwerte für das Klima unter Berücksichtigung der zulässigen Tages- und Jahresschwankungen. Lassen Sie sich die Grenzwerte unbedingt schriftlich bestätigen und achten Sie darauf, die Einhaltung dieser Grenzwerte innerhalb der gesetzlichen Garantiefrist von üblicherweise 1 bis 2 Jahren zu kontrollieren und allenfalls Nachbesserungen zu verlangen.

Tipp: *Vereinbaren Sie mit den zuständigen Planern den Einsatz von kalibrierten Präzisionsthermohygrographen zur Klimamessung während der Garantiezeit, damit eine eventuelle Mängelrüge mit verbindlichen Daten begründet und abgesichert werden kann.*

Tipp: *Die Messungen sollten mindestens über die Dauer eines Jahres erfolgen, um auch jahreszeitliche Schwankungen zu erfassen.*

Betrachten Sie ein Kulturgüterdepot in erster Linie als einen Lagerort und nicht als einen Arbeitsort, um Objekte zu bearbeiten und zu konsultieren. Versuchen Sie daher, in einem beheizten »Universal«-Depot mit wenig Objektverkehr moderate Temperaturen von 15-18° C im Winter bzw. 18-22° C im Sommer bei einer Luftfeuchtigkeit von 40-60 % RH anzustreben.

→ 3 Licht-, Ultraviolett- und Infrarotstrahlung als Schadensfaktoren für Kulturgut

Allgemein

Licht ist der für Menschen sichtbare Teil der elektromagnetischen Strahlung im Wellenbereich von ca. 380 nm bis 770 nm. Unterhalb dieses Wellenbereiches befindet sich die für das menschliche Auge unsichtbare, kurzwellige und energiereiche Ultraviolett- (100-380 nm), Gamma- und Röntgenstrahlung (unterhalb von 100 nm), oberhalb die langwellige Infrarotstrahlung, die als Wärme wahrgenommen wird (oberhalb 770 nm). Die gesamte elektromagnetische Strahlung beeinflusst die Alterung der meisten Materialien mehr oder weniger.

Maßeinheiten

Die für unsere Belange relevanten Maßeinheiten sind Lux (lx) für das sichtbare Licht sowie Mikrowatt pro Quadratmeter (mW/m^2) für die Ultraviolettstrahlung. Da sich die Schädigung durch elektromagnetische Strahlung kumuliert, wird heute für den sichtbaren Bereich oft auch von Luxstunden (lxh) ausgegangen, denen ein Objekt in einer gewissen Zeitspanne (z.B. im Verlaufe eines oder mehrerer Jahre) ausgesetzt werden darf. Dabei wird stillschweigend angenommen, dass während dieser Zeit kein Ultraviolett- oder Infrarotanteil vorhanden ist. Mit Ausnahme von Leuchtdioden und Lichtfaserbeleuchtungen sind jedoch die Strahlungsanteile außerhalb des sichtbaren Bereichs selten vollständig auszuschließen.

Schädigung

Jede elektromagnetische Strahlung, die auf ein Objekt trifft, führt diesem Energie zu. Ist die zugeführte Energie groß genug, um chemische Reaktionen in Gang zu setzen, führt dies zu einer Veränderung bzw. zum Zerfall des Materials, was vom Betrachter z.B. als Vergilben, Verbleichen oder Verspröden wahrgenommen wird. Je kurzwelliger die Strahlung ist, desto größer ist die eingebrachte Energie und damit auch das Schädigungspotenzial. Das Verhindern der für das menschliche Auge nicht sichtbaren UV-Strahlung hat daher erste Priorität.

Grundsätzlich gilt, dass sich der Schaden durch Licht und Ultraviolettstrahlung kumuliert und in der Regel NICHT rückgängig zu machen ist. Daher gilt für ein Kulturgüterdepot der Grundsatz: So wenig Licht wie möglich über so kurze Zeitdauer wie möglich.

Maßnahmen im Alltag

Es ist sinnvoll, die Objekte, wenn sie nicht ausgestellt oder bearbeitet werden, grundsätzlich dunkel aufzubewahren und möglichst wenig dem Licht auszusetzen. Die für das menschliche Auge unsichtbaren Bereiche des Spektrums (v.a. Ultraviolett und direkte Wärmestrahlung von Heizkörpern) sollten ohnehin im gesamten Museumsbereich durch uv-reduzierte und uv-freie Leuchtmittel, Filterfolien, Vorhänge etc. respektive niedrige Vorlauftemperaturen in Heizsystemen möglichst vollständig ausgeschlossen werden.

Tipp: *Achten Sie bereits bei der Beschaffung von Leuchtmitteln darauf, Produkte ohne oder mit einem geringen UV-Anteil zu kaufen und rüsten Sie eventuell vorhandene, nicht optimale Leuchtmittel mit geeigneten UV-Filtern nach. Beachten Sie, dass Filter mit der Zeit in ihrer Wirkung nachlassen können. Überprüfen Sie daher die Filterwirkung regelmäßig mit einem UV-Meter und ersetzen Sie auf jeden Fall die Filter rechtzeitig.*

Tipp: *Halten Sie einen minimalen Abstand zwischen Leuchtmittel und Objekt ein, um eine allzu starke Erwärmung der Objekte bzw. eine allzu große Beleuchtungsstärke am Objekt zu verhindern. Die optimale Distanz hängt in erster Linie vom verwendeten Leuchtmittel und dessen Leistung ab.*

Unterteilen Sie die Beleuchtung im Depot in einzelne steuerbare Beleuchtungssektoren. Schalten Sie das Licht im Depot bzw. in dessen Teilbereichen nur ein, wenn es wirklich gebraucht wird. Empfehlenswert ist eine durch Bewegungssensoren gesteuerte Beleuchtung, was langfristig auch wirtschaftlich und ökologisch sinnvoll ist.

Fotokopieren

Vermeiden Sie das Fotokopieren von originalen Dokumenten, Büchern und Fotos, da die Lichtbelastung sich auch hier kumuliert und zudem die Objekte oft durch unsachgemäße Handhabung zusätzlich mechanisch geschädigt werden (z.B. durch Brechen des Buchrückens).

Maßnahmen bei der Planung

Sorgen Sie dafür, dass Beleuchtungskörper in Depots nicht zu nahe an Objekten montiert sind. Bedenken Sie dabei, dass eine konventionelle Leuchtstoffröhre von 36 Watt Leistung im Abstand von 1 Meter immer noch eine Beleuchtungsstärke von über 500 Lux ergibt und erhebliche Wärme abgibt. Platzieren Sie daher Leuchten nicht über Regalen und schließen Sie Regale oben mit einem nicht belegten Einlegeboden ab, der gleichzeitig als Staub- und Lichtschutz für die darunter liegende Ebene dient.

Während der Arbeit im Depot soll die Beleuchtung nur dort eingeschaltet sein, wo sie wirklich für die Arbeit benötigt wird. Grundsätzlich ist das Depot ein Lagerraum und *kein* Arbeitsraum mit Lichtverhältnissen, die für die Begutachtung von Objekten vorgesehen sind. Streben Sie daher für Depots eine möglichst niedrige, gleichmäßige Beleuchtung an, die in Arbeitshöhe 100-200 Lux nicht übersteigt. Drängen Sie bei der Planung oder Erneuerung der Lichtinstallation darauf, dass verschiedene, einzeln ein- und ausschaltbare Sektoren gebildet werden. Diese Sektoren sollten wenn möglich durch Bewegungssensoren oder über eine Zeitschaltautomatik (z.B. 10-Minuten-Taster) gesteuert werden.

Tipp: *Bedenken Sie, dass bei saisonal geschlossenen Einrichtungen auch Ausstellungsräume zeitweilig zu Depots ohne Publikumsverkehr werden. Sorgen Sie dafür, dass auch hier eine Verdunkelung durch Schließen der Fensterläden und Vorhänge oder durch Abdunkeln der Fenster mittels eines Verdunkelungsstoffes (Lichtschutzvorhang) oder einer weißen und einer schwarzen Lage Stoff erfolgt (der reflektierende, weiße Stoff zur Außenseite, der schwarze Stoff zum Raum hin). Sinnvollerweise wären auch Ausstellungsräume außerhalb der Öffnungszeiten zu verdunkeln.*

→ 4 Sauberkeit in den Depoträumlichkeiten

Sauberkeit wahren

Sauberkeit ist eine der Grundbedingungen für die langfristige Erhaltung von Kulturgut, denn Staub, Schmutz und Abfall sind die Lebensgrundlage vieler Schädlinge wie Insekten, Schimmel und Nagetiere. Achten Sie daher darauf, dass die Umgebung von Kulturgut stets sauber ist und auch aus angrenzenden Räumen kein Schmutz und Staub hineingetragen wird. Im englischen Sprachgebrauch existiert dafür der Begriff des »good house-keeping«. Organisieren Sie eine regelmäßige Reinigung der Depoträume.

Tipp: *Bedenken Sie, dass ein Großteil des Staubs in Gebäuden durch die Besucher hereingetragen wird. Platzieren Sie daher vor jedem Depoteingang Schmutzschleusen (z.B. Schlingenfloor aus Kunststoff) und reinigen Sie diese regelmäßig.*

Arbeiten

Führen Sie Staub und Schmutz verursachende Aktivitäten grundsätzlich nicht in Räumen aus, in denen sich Objekte befinden, und richten Sie Arbeitsplätze wenn immer möglich außerhalb von Depot- und Ausstellungsbereichen ein. Es ist in der Regel besser, Objekte zur Bearbeitung oder Behandlung an einen Arbeitsort zu verbringen, als den Aufbewahrungsort zu verschmutzen.

Bauarbeiten

Vermeiden Sie Bau- und Umbauarbeiten in der unmittelbaren Nähe von Objekten. Lagern Sie wenn irgendwie möglich die Objekte während der Bauarbeiten aus oder sorgen Sie für einen angemessenen Schutz der Objekte. Legen Sie ihr Augenmerk vor allem auch auf die Staubentwicklung im Außenbereich der Baustelle.

Tipp: *Bei Bauarbeiten mit Staubentwicklung ist in der Regel eine Abschottung von Türen, Fenstern und Durchgängen mit Plastikplanen nicht ausreichend. Bewährt haben sich provisorische Wände aus Gips-Wandbauplatten (Albaplatten), welche schnell auf- und wieder abgebaut werden können. Sie haben den Vorteil, dass neben dem eigentlichen Staub- und Schmutzschutz offensichtlich ist, dass dieser Durchgang während der Bauarbeiten nicht genutzt werden kann.*

Essen

Das Konsumieren von Lebensmitteln in Ausstellungs- und Depoträumen ist nicht angebracht und kann zu schlecht bewältigbaren Problemen mit Schädlingen führen. Ausstellungs-, Depot- und Arbeitsbereiche sind daher strikt von Konsumationsbereichen zu trennen. Essen und trinken Sie aus eigenem Interesse grundsätzlich nicht in Räumen, in denen Verdacht auf Schimmelbefall oder Verunreinigung durch Schädlingsbekämpfungsmittel besteht.

Öffnungen/Hohlräume

Bedenken Sie, dass alle Öffnungen eines Raums potenzielle Einfallstore für Staub, Schmutz, Luftschadstoffe und Schädlinge sind. Vermeiden Sie daher möglichst unkontrollierte Öffnungen. Lassen sich diese nicht schließen, verwenden Sie Filter wie z.B. ein Gitter mit dicht angebrachtem Filtervlies, das sich einfach reinigen bzw. auswechseln lässt. Nicht zu vergessen sind auch schlecht zugängliche Hohlräume z.B. bei zugebauten Fenstern und Türen oder hinter Fußleisten. Diese Orte sind nahezu ideale Nistplätze für allerlei Ungeziefer.

Reinigung der Räume im Depot- und Ausstellungsbereich

Unterhaltsreinigung

Sorgen Sie dafür, dass sämtliche Räume inklusive Depots und Lagerräume in regelmäßigen Abständen systematisch gereinigt werden. Verwenden Sie dazu einen Staubsauger, da dadurch weniger Staub aufgewirbelt wird als mit dem herkömmlichen Besen oder Wischer. Verwenden Sie zum eigenen Schutz ein Gerät mit Feinstaubfilter und benutzen Sie Wegwerfstaubbeutel aus Papier anstatt wieder verwendbare aus Stoff. Bei glatten, geschlossenen Böden eignen sich zur Reinigung auch staubbindende Trocken-Wischtücher.

Sorgen Sie dafür, dass auch schwer zugängliche Stellen in Ecken, unter bzw. hinter Gestellen, aber auch schwer zugängliche Regalabdeckungen, Simse und Vorsprünge periodisch gereinigt werden.

Tipp: *Achten Sie darauf, dass die Aspekte der zukünftigen Unterhaltsreinigung bereits in der Planungsphase von Um- und Neubauten mit einbezogen werden.*

Feuchtreinigung

Seien Sie zurückhaltend mit feuchten Reinigungsmethoden und vermeiden Sie nasses Aufwischen, da dadurch stets unkontrolliert Feuchte in den Raum eingebracht wird, die das Klima kurzfristig beeinflusst und gewisse Schädlinge wie z.B. Silberfischchen unter Umständen begünstigt. Abrupte Feuchteschwankungen können zudem in empfindlichen Materialien Spannungen und Risse verursachen (z.B. bei Saiteninstrumenten und Möbeln). Verwenden Sie, wenn es überhaupt notwendig ist, neutrale, lösungsmittelfreie Reinigungsmittel und setzen Sie diese äußerst sparsam ein.

Tipp: *Ist eine Feuchtreinigung in einem großen Depotraum unumgänglich, verteilen Sie diese in Etappen auf mehrere Tage, um einen allzu großen Feuchtigkeitseintrag auf einmal zu vermeiden. Führen Sie diese Arbeiten bevorzugt in der trockenen Jahreszeit durch.*

Vorsicht

Achten Sie bei der Reinigung der Räume darauf, keine Objekte mit den Reinigungsgeräten zu berühren. Objekte sind im Rahmen der ordentlichen Unterhaltsreinigung höchstens nach Anleitung eines Konservators/Restaurators vorsichtig abzustauben. Jede weitergehende Reinigung hat unter Anleitung oder durch Konservatoren/Restauratoren zu erfolgen.

Siehe auch das Kapitel → *II.5 Unterhaltsreinigung von Objekten*

Abfälle

Abfälle jeglicher Art sollten umgehend entsorgt und Abfalleimer mindestens wöchentlich geleert werden. Verwenden Sie Abfalleimer mit dicht schließendem Deckel und Müllbeutel. Platzieren Sie Abfalleimer *nicht* in Depotund Ausstellungsräumen, jedoch in Reichweite, so dass Sie auch benutzt werden. Falls Sie keinen Müllbeutel verwenden (z.B. in Papierkörben), reinigen Sie auch den Behälter regelmäßig. Entsorgen Sie Wischtücher und Wegwerf-Staubbeutel in Staubsaugern nach Gebrauch umgehend und außerhalb des Sammlungsbereichs.

Reinigen technischer Einrichtungen

Klimaanlagen, Luftbefeuchter, Luftentfeuchter, Staubsauger

Sauberkeit bezieht sich auch auf die Luft. Achten Sie darauf, dass technische Geräte und Installationen regelmäßig gereinigt und gewartet werden. Dies betrifft insbesondere Klimaanlagen mit ihren verzweigten Kanälen, aber auch Luft*be*feuchter, Luft*ent*feuchter und Staubsauger, welche bei unsachgemäßer Pflege eine Brutstätte für Mikroorganismen (Bakterien, Schimmel etc.) sind und ein Risiko für Mensch und Objekt darstellen. Reinigen Sie Luft*be*feuchter wöchentlich, Luft*ent*feuchter und Klimaanlagen mindestens halbjährlich. Wechseln Sie den Abluftfilter in Staubsaugern regelmäßig zusammen mit dem (Einweg-)Staubbeutel aus.

Tipp: *Die regelmäßige Reinigung von Befeuchtungsgeräten ist dem Einsatz chemischer Zusätze im Wassertank der Geräte unbedingt vorzuziehen, da die langfristigen Auswirkungen dieser beigegebenen Substanzen auf das Kulturgut (und auf den Menschen) nicht absehbar sind. Luftbefeuchter mit integrierter Entkeimung durch Ultraviolettlicht sind zwar teurer, lohnen sich aber in vielen Fällen langfristig durch ihren etwas geringeren Reinigungsaufwand.*

Glas/Vitrinen

Benutzen Sie keine lösungsmittelhaltigen Fensterreiniger. Diese gelangen allzu schnell in die Umgebung der Objekte und können diese schädigen. Gebrauchen Sie zum Reinigen stattdessen Mikrofasertücher oder nicht fuselnden Einwegvliesstoff.

Plexiglas

Plexiglas ist relativ weich und daher besonders anfällig auf das Zerkratzen der Oberfläche. Das Material lädt sich zudem rasch statisch auf und zieht dadurch Staub an. Entstauben Sie Plexiglas lediglich vorsichtig mit einem Antistatik-Tuch oder verwenden Sie speziell dafür vorgesehene, antistatische Reinigungsmittel. Falsche Lösungsmittel können Plexiglas trüben.

Reinigung von Schimmel- und Schädlingsbefall

Schimmel

Falls Sie Schimmel entfernen müssen, führen Sie dies unter Berücksichtigung der nötigen Vorsichtsmaßnahmen mit einem Staubsauger mit Feinfilter für Allergiker bzw. so genannten HEPA-Filter (High Efficiency Particulate Air) aus. Verrichten Sie diese Arbeiten im Freien oder in einem Raum, der sich anschließend sehr gut reinigen und gegebenenfalls desinfizieren lässt (z.B. Sanitäranlagen etc.). Benutzen Sie zum eigenen Schutz unbedingt zusätzlich eine Feinstaubmaske, Handschuhe aus Latex oder Vinyl und Schutzbekleidung. Reinigen und desinfizieren Sie während und nach der Arbeit alle kontaminierten Hilfsmittel und Ihre Kleider gründlich bzw. entsorgen Sie Einwegprodukte nach Gebrauch.

Siehe auch die Kapitel → *II.6 Arbeitssicherheit im Umgang mit Kulturgut* und → *I.5 Umgang mit Schädlingen*

Schädlinge

Achten Sie bei der Staubentfernung immer auch auf Spuren von Schädlingsbefall (Kot, Reste von Lebewesen, Bohrmehl etc.). Nur wenn Überreste von Schädlingen nach ihrer Entdeckung *und* Bestimmung systematisch entfernt werden, ist es möglich, einen Neubefall zu erkennen. Bedenken Sie zudem, dass eingesaugte Insekten in einem beliebigen Entwicklungsstadium in einem Staubsaugerbeutel geradezu ideale Bedingungen zur Fortentwicklung finden bzw. die Nahrungsgrundlage für weitere Schädlinge sind. Entsorgen Sie daher den Staubsaugerbeutel und den Abluftfilter des Staubsaugers nach einer Entkontaminations- oder Entstaubungsaktion. Deponieren Sie den Staubsauger und andere Reinigungsutensilien außerhalb der Depots und getrennt von den Objekten.

→ 5 Umgang mit Schädlingen – Integrated Pest Management (IPM)*

Allgemein

Wo sich Nahrung findet, finden sich auch Lebewesen, die diese konsumieren. Die meisten organischen Materialien werden von den verschiedensten Lebewesen im wörtlichen Sinne gefressen und je nach Bedingungen mehr oder weniger schnell verwertet bzw. aus dem Blickwinkel der Kulturgütererhaltung zerstört. Ziel der Schädlingsprävention ist es, den natürlichen Zerfall des Kulturguts zu verlangsamen und Schädlinge möglichst daran zu hindern, Kulturgut zu zerstören.

Umgebungsbedingungen

Schädlinge bevorzugen oft relativ feuchte, tendenziell warme und schmutzige Umgebungsbedingungen. Sie schätzen es, ungestört zu sein; Schimmel liebt darüber hinaus möglichst wenig bewegte, stickige Luft. Dunkle, versteckte, unzugängliche Orte, vorzugsweise in Ecken und am Übergang zwischen Boden und Außenwänden bzw. innerhalb von Objekten sind daher bevorzugte Aufenthaltsorte für Schädlinge.

Überwachen/Beobachten

Begutachten Sie Ausstellungs-, Depot- und Arbeitsräumlichkeiten regelmäßig auf Anzeichen von Schädlingen wie Fraßspuren von Nagetieren und Insekten, Bohrmehl von Holzwürmern, auf Kot, Larvenhüllen, Eier, tote Lebewesen, auffällige Verfärbungen etc.

Tipp: *Kleben Sie zur regelmäßigen Beobachtung der Schädlingssituation an gefährdeten Stellen in Raumecken und am Übergang zwischen Boden und Wand handelsübliches Doppelklebeband (Teppichklebeband) auf den Boden. Viele herumkrabbelnde Lebewesen werden daran kleben bleiben und einen Befall frühzeitig erkennen lassen. Einen ähnlichen Zweck erfüllen auch im Fachhandel erhältliche Insektenfallen, welche zum Teil mit Lockstoffen (z.B. so genannten Pheromonen) ausgerüstet sind. Dabei ist zu bemerken, dass es kaum schädlingsfreie Räume gibt. Einzelne Schädlinge sind normal, es ist jedoch sofort zu reagieren, sobald nicht*

* Der englische Begriff »Integrated Pest Management« (IPM) umfasst die Vorbeugung, Kontrolle, Erkennung, Bestimmung und Behandlung von Schädlingsbefall. Ein vergleichbarer deutscher Begriff existiert leider nicht.

mehr nur einzelne Insekten »auf den Leim gehen«. Die Klebebänder und Insektenfallen müssen regelmäßig kontrolliert und ausgewechselt werden, da die toten Insekten sonst wiederum eine Nahrungsquelle für eine neue Generation von Schädlingen bilden können.

Schädlinge bestimmen

Wenn Sie Anzeichen von Schädlingsbefall feststellen, versuchen Sie auf Grund der Spuren und etwaiger Überreste möglichst präzise zu bestimmen, um was für einen Befall es sich handelt und ob er noch aktiv ist. In Museen kommen unter anderem vor: Motten, Teppich- und Pelzkäfer, Messingkäfer, Silberfischchen, Schaben, Holzschädlinge, Termiten, respektive deren gefräßige Larven. Fragen Sie bei Unsicherheiten entsprechende Fachleute. Oft können auch Naturmuseen bei der Bestimmung der Schädlinge behilflich sein.

Tipp: *Spuren von Schädlingen (Kot, Larvenhüllen, Bohrmehl, Fraßspuren, Eier etc.) geben Fachleuten wichtige Anhaltspunkte für den vorhandenen Befall. Entfernen Sie daher Spuren von Schädlingen erst* nach *der Bestimmung des Befalls. Die anschließende Säuberung ist jedoch wichtig, um bei der nächsten Kontrolle abschätzen zu können, ob es sich um einen frischen Befall handelt oder nicht.*

Handeln bei Befall

Handeln Sie nicht überstürzt, aber umgehend und gezielt.

- Trennen Sie als Erstes befallene Objekte von (noch) nicht befallenen Objekten, indem Sie diese kurzfristig, bis zur Ergreifung weiterer Maßnahmen, in einen dichten, vorzugsweise durchsichtigen Polyethylenbeutel verpacken und unter Quarantäne stellen. Ergreifen Sie weitere Maßnahmen, wenn der Befall noch aktiv ist.

- Ziehen Sie bei aktivem Befall anerkannte, *museumserfahrene* Fachleute für die Schädlingsbekämpfung bei. Diese können den spezifischen Befall bestimmen und verfügen über das notwendige Fachwissen für eine gezielte Bekämpfung. Sie können zudem Anweisung geben, wie als flankierende Sofortmaßnahme die Umgebungsbedingungen verbessert werden können (v.a. Klima und Sauberkeit).
- Kontrollieren Sie im gleichen Raum befindliche, aber offenbar nicht befallene Objekte besonders intensiv und in kürzeren Zeitabständen.

Tipp: *Tragen Sie Objekte, die von Schädlingen befallen sind, nicht offen herum, da Sie damit Gefahr laufen, andere Räume und Objekte zu kontaminieren. Verwenden Sie geeignete Verpackungen wie z.B. einen dicht verschlossenen Polyethylenbeutel.*

Bedenken Sie, dass eingebrachte Gifte zwar rasch einen aktiven Befall stoppen können, jedoch oft schwer abbaubar sind und über lange Zeit noch am Ort verbleiben. Durch chemische Schädlingsbekämpfungsmaßnahmen kontaminierte Räume und Objekte können auch Jahrzehnte nach einer Behandlung noch ein ernst zu nehmendes Gesundheitsrisiko für Mitarbeiter darstellen. Falls eine chemische Behandlung unumgänglich ist, achten Sie darauf, dass die Objekte nie direkt in Kontakt mit den angewendeten Substanzen kommen, da dies zu Veränderungen der Objektoberfläche (z.B. Verfärbung/Beschädigung) führen kann. Alternativ dazu werden Schädlinge heute unter anderem auch durch »Sauerstoffverdrängung« mit Stickstoff oder durch physikalische Verfahren (Kälte und Wärme) behandelt. Jede Schädlingsbekämpfungsmaßnahme muss durch eine Fachperson ausgeführt werde, welche die notwendigen Vorsichtsmaßnahmen einhalten kann und Erfahrung in der Behandlung von Kulturgut hat.

Tipp: *Sorgen Sie dafür, dass nach erfolgter Schädlingsbekämpfung tote Tiere, Hüllen, Exkremente und Gespinste von den Objekten entfernt werden. Nur so können Sie in Zukunft erkennen, ob ein neuer Befall vorliegt.*

Tipp: *Führen Sie ein Reinigungsprotokoll, in welchem Sie verzeichnen, welche Objektgruppen bzw. Depotbereiche wann gereinigt wurden. Dies ermöglicht unter Umständen den Zeitrum näher einzugrenzen, in welchem ein Insektenbefall er-*

folgte. Halten Sie ebenfalls fest, wann an einem Objekt ein Befall festgestellt oder behandelt wurde.

Vorbeugende Maßnahmen

Sauberkeit

Halten Sie Depot- und Ausstellungsräume bis in den hintersten Winkel und unter Regalanlagen und Schränken etc. stets ordentlich und sauber. Sorgen Sie dafür, dass alle Räume regelmäßig gereinigt und Abfälle rasch und außerhalb der mit Objekten bestückten Räume entsorgt werden. In Ausstellungs- und Depoträumen ist der Verzehr und die Aufbewahrung von Lebensmitteln nicht sinnvoll. Bedenken Sie, dass Speisereste sowie jedwelche anderen organischen Überreste selbst wieder Nährboden für andere Lebewesen sein können. Achten Sie auch auf saubere Schuhe und Kleidung bei der Arbeit im gesamten Museums- und Depotbereich.

Tipp: *Halten Sie auch die Objekte sauber, da vor allem Oberflächenschmutz und -staub ein idealer Nährboden für bestimmte Schädlinge sind.*

Klima

Streben Sie ein gemäßigtes Klima an und sorgen Sie dafür, dass stets genügend Luftzirkulation herrscht. Aus der Sicht der Schädlingsprävention wäre bei organischen Materialien (v.a. bei pflanzlichen und tierischen Fasern, Fell, Federn etc.) eine Temperatur von 12-13° C anzustreben, da die Fortpflanzung von Insekten unterhalb von 15° C stark eingeschränkt ist (die bereits vorhandenen Tiere können aber sehr wohl noch weitere Schäden anrichten).

Tipp: *Vermeiden Sie allzu dicht schließende Schränke, Verschieberegale, Schubladen etc., da sich – trotz stabilem Umgebungsklima – unter Umständen darin ein ungünstiges, den Objekten nicht zuträgliches, jedoch von Schädlingen geliebtes Mikroklima bilden könnte.*

Schädlinge einschleppen

Treffen Sie Vorkehrungen, damit keine Schädlinge in die Ausstellungs-, Arbeits- und Depoträume eingeschleppt werden. Sorgen Sie dafür, dass die Begrünung rund um das Gebäude nicht direkt ans Depot heranreicht und benutzen Sie geeignete Schmutzschleusen an allen Eingängen.

Tipp: *Blumensträuße und Topfpflanzen als Dekoration sind geradezu der ideale*

Weg für Insekten, um in ein Museum zu gelangen. Verzichten Sie deshalb auf natürlichen Blumenschmuck in Ausstellungs- und Arbeitsräumen.

Frisch verarbeitetes, unbehandeltes Holz ist ein Leckerbissen für Holz fressende Insekten. Sorgen Sie dafür, dass Holz (z.B. Europaletten, Kisten, Bauholz etc.) vor der Verwendung in Museen und im Speziellen in Depots thermisch behandelt wird, indem es für 24 Stunden im Trockenofen bei mindestens 65° C gelagert wird. Dadurch werden tierische Eiweiße und damit die potenziellen Schädlinge in ihren verschiedenen Entwicklungsstadien zerstört. Unbehandelte Europaletten und Bauholz gehören zu den häufigsten Ursachen für Insektenbefall in Museen und Kulturgüterdepots.

Tipp: *Achten Sie darauf, Fluchtwegmarkierungsleuchten so zu platzieren, dass die Fläche darunter einfach zu reinigen ist. Insekten werden von Lichtquellen im Dunkeln magisch angezogen.*

Gebäude- und Raumhülle
Oft gelangen Schädlinge von außen durch kleine und kleinste Öffnungen ins Gebäudeinnere. Eine Maus braucht z.B. eine Öffnung von ca. 1 cm Durchmesser, um hindurch zu gelangen, eine Ratte wenig mehr. Achten Sie daher auf eine möglichst geschlossene Außenhülle, vermeiden Sie unzugängliche Hohlräume und lassen Sie Fenster und Türen nicht unnötigerweise und auch nicht kurzzeitig zur Umgebung hin offen.

Tipp: *Sorgen Sie dafür, dass sich im, am oder in der Nähe des Gebäudes keine Nistplätze von Tieren befinden, da diese Brutstätten für Ungeziefer sind. Beson-*

ders beliebt sind z.B. bei nistenden Tauben die Ansaug- und Abluftrohre von Lüftungs- und Klimaanlagen.

Quarantäne

Versuchen Sie, organische Objekte (insbesondere aus Federn, Fell, Textilien, Holz etc.), welche von außen neu oder nach einer Ausleihe wieder in die Sammlung gelangen, zuerst für eine gewisse Zeit (mehrere Wochen) getrennt von den anderen Beständen in Quarantäne zu halten und regelmäßig nach Befall abzusuchen. Erst wenn Sie sicher sind, dass kein aktiver Schädlingsbefall besteht, werden die Objekte definitiv bzw. erneut in den Depotbestand integriert. Optimale Sicherheit erreichen Sie, wenn Sie das gleiche Verfahren auch für eigene Objekte anwenden, die aus dem Ausstellungsbereich zurück ins Depot verschoben werden.

→ 6 Lagertechnik und Lagergebinde zur Aufbewahrung von Kulturgut

Neben den Umgebungsbedingungen spielt die Art der Aufbewahrung eine zentrale Rolle für die Erhaltung von Kulturgut. Je nach Objekttyp bieten sich unterschiedliche Lagersysteme an.

Regale

Modularität

Heutige Regale und Lagergebinde sind in der Regel auf einem Modulsystem aufgebaut. Achten Sie darauf, dass Gebinde und Regale aufeinander abgestimmt sind. Verwenden Sie möglichst wenige Größen von Einlegeböden.

Nutzlast

Alle Regale, Einlegeböden, Traversen und Winkelträger weisen eine definierte Nutzlast auf, welche unbedingt einzuhalten ist. Achten sie darauf, weder den einzelnen Einlegeboden noch das gesamte Regal zu überladen. Die Tragfähigkeit eines Blecheinlegebodens kann durch auf der Unterseite eingeschobene Verstärkungsprofile beträchtlich erhöht werden.

Tipp: *Schreiben Sie mindestens einmal pro Regalanlage oder Raum die zulässige Nutzlast gut sichtbar an.*

Tipp: *Wiegen Sie schwere Objekte oder Lagergebinde mit einem Hubwagen mit Wiegevorrichtung, den Sie sich bei einer Transportfirma mieten können. Schreiben Sie das Gewicht gut sichtbar an den Behälter, an die Europaletten oder auf die Objektetikette.*

Regale

Regale existieren in den verschiedensten Konstruktionen und Materialien. Verbreitet sind heute vor allem pulverbeschichtete Metallregale. Vielfach werden Einlegeböden mittels Verbindungsstücken in die seitlichen Rahmen eingelegt, wodurch das Regal erst durch die Kombination von Rahmen, Einlegeböden und Stabilisierungskreuz stabil wird. Achten Sie darauf, dass sich die Einlegeböden möglichst ohne Zwischenraum (Stoß an Stoß) einsetzen lassen bzw. dass Seitenanschläge oder Anschlagprofile (Schlingerleisten) lieferbar sind, damit keine Objekte seitlich, vorne oder hinten herausfallen können.

Einschieberegale
Im Unterschied zu konventionellen Regalen liegt das in der Regel nicht sehr große Objekt bei Einschieberegalen in einem Lagerbehälter (Schublade, Stapelbehälter, stabile Schachtel, Wechselrahmen, Archivkassette etc.), der selber auf zwei seitlichen Winkeln aufliegt. Dieses Lagersystem ist bei größeren Mengen sehr platzsparend, da hier der Platzbedarf von Einlegeböden entfällt. Das System eignet sich z.B. hervorragend zur Lagerung von Insektenkästen und stabilen Archivkassetten.

Weitspannregale
Für größere, nicht allzu schwere Objekte eignen sich Weitspannregale, welche eine große Fachbreite aufweisen. Die Regalebenen werden von zwei Traversen gebildet, zwischen welche Bretter oder Blecheinlegeböden eingelegt sind. Nachteil ist die relativ große Bauhöhe der Traversen von 6-8 cm, was bei flachen Objekten zu einem großen Platzverlust führt.

Kragarmregale
Für die Aufbewahrung von sehr langen, in sich stabilen Objekten wie Rohre, Balken etc. eignen sich Kragarmregale, bei welchen die Objekte auf zwei oder mehr horizontal abstehenden Trägern aufliegen. Es existieren auch Träger, welche einzeln an die Wand montiert werden können.

Palettenregale
Größere und schwere Objekte bis zu einer Grundfläche von ca. 120 x 80 cm können direkt auf Europaletten eingelagert werden. Platzsparend ist die Einlagerung auf speziellen Palettenregalen. Die Europaletten werden dabei jeweils direkt auf zwei Traversen abgesetzt. Diese Art einzulagern bedingt die Benutzung eines Gabelstaplers und erfordert eine ausreichende Bodenbelastbarkeit. Konventionelle Regale mit Einlegeböden sind infolge der Konstruktion und der geringeren Tragfähigkeit nicht geeignet, Europaletten aufzunehmen.

Hängeregale (Bügel)
In die meisten Schränke und Regale lassen sich Stangen einbauen, um Objekte an Bügeln aufzuhängen (z.B. Kostüme, Uniformen und liturgische Gewänder). Achten Sie darauf, dass die Anlage ausreichend tief ist, damit die Bügel in ihrer vollen Länge hinein passen (v.a. bei liturgischen Gewändern). Für sehr breite Gewänder (z.B. Kimonos und Pluviale) können auch Teleskopstangen verwendet werden, die herausgezogen werden können und an denen die Gewänder hintereinander hängen.

Rollenregale
Regale lassen sich so ausrüsten, dass Stangen mit übergeschobenen Rollen, auf welche z.B. Textilien oder Teppiche aufgerollt sind, eingesetzt werden können.

Gitterwände
Gerahmte Bilder und in sich stabile, flache Objekte wie z.B. Wirtshausschilder lassen sich auch an Gitterwänden aufhängen. Diese Methode ist Schuberregalen (siehe unten) in der Regel vorzuziehen, da die Objekte sichtbar sind und weniger bewegt werden müssen. Die Objekte werden mittels eines langgezogenen S-förmigen Hakens am Gitter aufgehängt. Der S-Haken kann zusätzlich mit einem Stück Polyethylenschlauch überzogen werden, um ein Scheuern von Metall auf Metall z.B. bei einem Wirtshausschild zu verhindern. Achten Sie darauf, dass verschiebbare Gitterwände in Richtung der Schmalseite herausgezogen werden können, damit die mechanische Belastung des Objekts möglichst gering bleibt (Durch die Trägheit der Objekte schlagen diese bei einer seitlichen Verschiebung senkrecht zur Bildfläche jeweils mit ihrer Fläche zurück auf das Gitter). Lassen Sie die Gitter beim Zurückschieben nicht gegen den Stopper auflaufen, da dies die Objekte unnötig erschüttert.

Tipp: *Montieren Sie keine Gitter an Außenwände, um Feuchtigkeitsprobleme und Schimmelbildung zu vermeiden.*

Tipp: *Behängen Sie Gitter oben und unten nicht vollständig, um eine genügende Luftzirkulation zu ermöglichen bzw. im unteren Bereich eine Beschädigung der Objekte durch Schuhe und Hilfsmittel zu vermeiden.*

Tipp: *Verwenden Sie bei schweren Objekten wie z.B. Schmiedeeisengittern oder abgelösten Wandmalereien spezielle Gitter, welche zusätzlich zum Hängen auch ein Aufstützen der Objekte ermöglichen, um das Gewicht abzufangen.*

Schuberregale
Gerahmte Bilder lassen sich auch auf einer Kante stehend in hohen, schmalen Fächern lagern. Legen Sie den Boden der Regalfächer mit einer Polsterung aus (z.B. Polyethylenschaumfolie). Empfindliche Bilderrahmen müssen zusätzlich mit einem Eck- oder Kantenschutz geschützt werden. Siehe auch oben in diesem Kapitel → *Gitterwände*

Verschiebe- oder Rollregale

Die meisten Regaltypen lassen sich auch auf Rollwagen montieren, wodurch die Verkehrsfläche reduziert und dadurch die Raumausnutzung stark erhöht werden kann. Bei Regalen mit Einlegeböden kann der Platzgewinn 70-100 % betragen. Bedenken Sie, dass der Rollwagen verhindert, dass Regale mit einem Gabelstapler unterfahren werden können. Zur Bestückung von Rollregalanlagen mit Europaletten ist daher ein spezieller so genannter Schubmaststapler notwendig.

Planschubladen

Planschränke und Planschubladen sind heute oft aus pulverbeschichtetem oder einbrennlackiertem Blech gefertigt und weisen mehrere, meist wenig tiefe, jedoch großflächige Schubladen auf (im Extremfall bis ca. 200 x 300 cm Grundfläche). Diese eignen sich für flache Objekte wie Grafiken, Fotos, Flachtextilien, Fahnen etc. Wenig tiefe Schubladen mit möglichst wenigen, übereinander liegenden Objekten sind tieferen mit vielen übereinander gestapelten Objekten vorzuziehen. Nachteil dieses Systems ist, dass Objekte wie z.B. in Passepartouts eingelegte Werke auf Papier in der Schublade unter Umständen herumrutschen können und schwieriger herauszunehmen sind als aus (maßgefertigten) Archivkassetten. Um das Verrutschen von Objekten in den Schubladen zu verringern, werden oft steckbare Schubladeneinteilungen benutzt.

Tipp: *Die Bodenbelastbarkeit des Raumes muss ausreichend hoch sein, da voll beladene Schubladenstöcke außerordentlich schwer sein können. Fragen Sie im Zweifelsfalle einen Statiker, ob z.B. ein Holzboden diese Last noch trägt.*

Freiaufstellung

Große und schwere Objekte lassen sich auch frei aufstellen, wobei darauf zu achten ist, dass das Objekt nicht direkt auf dem Boden aufliegt. Praktisch ist es, Objekte auf Europaletten aufzustellen, da sie dadurch auch einfacher verschiebbar sind.

Tipp: *Auch für die (Zwischen-)Lagerung eingesetzte Kisten und Stapelbehälter sollten nicht direkt am Boden, sondern auf einem Sockel von ca. 15 cm Höhe (z.B. Europaletten), zumindest aber auf Leisten stehen. Stapeln Sie zudem Kisten nicht zu dicht und mit einem Abstand zueinander und zu den Wänden von mindestens 20 cm, um eine genügende Luftzirkulation zu ermöglichen.*

Tipp: *Stapeln Sie lediglich genügend stabile Lagerbehälter, keinesfalls jedoch die Objekte selbst übereinander und stapeln Sie nur bis zu einer Höhe, die Sie noch bequem erreichen können.*

Lagerbehälter sowie Lager- und Transporthilfsmittel

Modularität

Legen Sie sich bei den Lagerbehältern auf wenige, universal verwendbare Behälter- und Palettengrößen fest. Sorgen sie zudem dafür, dass die Regale exakt auf die Größe der Behälter und Europaletten abgestimmt sind, um eine effiziente Raumausnutzung zu gewährleisten.

Europaletten

Die im Transportgewerbe verwendeten Holz- oder Kunststoffpaletten weisen eine Grundfläche von 80 x 120 cm auf. Erhältlich sind auch Halbpaletten 60 x 80 cm und übergroße Paletten nach Maß (z.B. für Möbel). Zur Europalettengröße 80 x 120 cm sind aufsteckbare Palettenrahmen (ca. 40 cm hoch, nicht klappbar), Klapprahmen (ca. 20 cm hoch) sowie entsprechende Palettendeckel erhältlich.

Tipp: *Kaufen oder verwenden Sie wenn möglich keine bereits benutzten Tauschpaletten. Achten Sie darauf, dass Europaletten, Palettenrahmen und Palettendeckel vor dem Einsatz thermisch gegen Schädlinge behandelt werden, indem sie für 24 Stunden bei mindestens 65° C im Trockenofen gelagert werden. Kunststoffpaletten sind unempfindlich gegen Schädlingsbefall, jedoch zurzeit noch wesentlich teurer. Vermeiden Sie Paletten, welche ganz oder teilweise aus Presspan gefertigt sind, da das Material unter Umständen Formaldhyd abgibt.*

Tipp: *Falls Sie Europaletten nicht nur in Freiaufstellung verwenden, stellen Sie sicher, dass Sie über die geeigneten Lagereinrichtungen (Palettenregale) und Hilfsmittel (Gabelstapler bzw. Schubmaststabler) verfügen, um Paletten sinnvoll einlagern zu können.*

Tipp: *Wenn Europaletten nur intern verwendet werden, kann auf die EUR-Stempelung als Tauschpalette verzichtet werden, was die Anschaffung verbilligt.*

Stapelbehälter

Die in der Industrie weit verbreiteten Normstapelbehälter aus Polyethylen (PE), zu welchen auch entsprechende Deckel erhältlich sind, eignen sich ebenfalls für den Museumsbereich. Vier Behälter der Standardgröße (40 x 60 cm) ergeben die Grundfläche einer Europalette. Je nach Gewicht lassen sich 3 bis 4 Behälter à 40 cm Höhe bzw. eine entsprechend größere Zahl niedrigerer Behälter aufeinander stapeln.

Tipp: *Entscheiden Sie sich einmal für einen Stapelbehälter-System (Markenartikel) damit alle Behälter zueinander kompatibel sind. Vermeiden Sie Billigprodukte, da diese oft zu schwach sind und die Sortimente in Warenhäusern und Baumärkten häufig wechseln.*

Tipp: *Werden gestapelte Behälter auf der Europalette festgezurrt oder umreift, haben sie die Tendenz sich seitlich zu verformen. Legen Sie über die obersten Behälter ein Brett und führen Sie die Gurte oder die Umreifung über das Brett nach unten, so dass der Zug senkrecht nach unten wirkt.*

Klarsichtdosen

Für kleinere Objekte eignen sich rechteckige Deckeldosen aus Polystyrol (PS), welche in den verschiedensten Dimensionen bis ca. A4 und 50-80 mm Höhe erhältlich sind. Diese Dosen lassen sich ideal mit formgerechten Einsätzen aus geschäumtem Polyethylen ausstatten. Einzelne Typen sind zudem im Innern in einzelne Fächer unterteilbar.

Frischhaltedosen

Zur luftdichten Verpackung (z.B. archäologische Metallobjekte) eignen sich handelsübliche Frischhaltedosen aus Polyethylen mit dicht schließendem Deckel. Mittels Silica Gel lässt sich darin eine bestimmte Luftfeuchtigkeit aufrechterhalten.

Holzkisten

Als Lagerbehälter (z.B. als Einschubkisten) eignen sich nach heutiger Kenntnis auch unbehandelte, möglichst leimfrei verarbeitete (verzinkte) Holzkisten aus sehr gut gelagertem einheimischen Buchenholz. Diese Holzkisten sind außerordentlich stabil und eignen sich z.B. für schwere Mineraliensammlungen. Achten Sie auf eine thermische Behandlung des Holzes *vor* dem Einbringen ins Depot (siehe oben → *Europaletten*).

Tipp: *Kisten von mehr als 10 kg Gewicht sollten nicht durch Einzelpersonen bzw. nicht ohne geeignete Hilfsmittel gehandhabt werden. Um schwere Kisten (z.B. mit Mineralien) aus Regalen zu holen, gibt es ausgeklügelte technische Hilfsmittel wie z.B. kleine mobile Hebebühnen.*

Tipp: *Bedenken Sie, dass ältere Lagerbehälter aus Holz ebenfalls mit Schädlingsbekämpfungsmitteln verunreinigt sein könnten und mit den entsprechenden Vorsichtsmaßnahmen zu handhaben sind.*

Kartonschachteln

Kartonschachteln sind in den verschiedensten Größen erhältlich. Achten Sie auf archivechte Materialien (säurefrei gepuffert oder säurefrei ungepuffert) und auf zur Größe passende Stabilität der Ausführung.

Tipp: *Beschränken Sie sich auf wenige Größen, welche auf die Dimensionen der Lagerregale abgestimmt sind.*

Archivkassetten

Zur Lagerung einer größeren Anzahl von vorzugsweise passepartoutrierten oder in Archivmappen gelegten Werken auf Papier bzw. Fotos eignen sich auch Archivkassetten mit aufklappbarem Deckel und einer abklappbaren Seitenwand. Sind die Archivkassetten stabil genug, können Sie auch selbsttragend und sehr platzsparend in Einschieberegalen (siehe oben) verwendet werden.

Bilderwagen

Zum Transport mehrerer Bilder eignen sich Bilderwagen mit zwei in der Längsachse leicht schräg zueinander gestellten, stabil gegeneinander verschraubten Holzplatten oder Gittern. An diese können z.B. Gemälde angelehnt und gesichert werden. Boden und Platte sind jeweils rutschhemmend ausgerüstet.

Tipp: *Achten Sie auf eine große, weiche und mit Luft gefüllte Bereifung, um Vibrationen und Schläge zu dämpfen.*

Rollen

Zum Aufrollen von Tapisserien eignen sich Kartonrollen von mindestens 10 cm Durchmesser. In säurefreier Qualität sind sie im Fachhandel für Konservierungsbedarf zu beziehen (teuer). Eine günstige Alternative sind konventionelle Kartonrohre aus dem Teppichfachhandel, welche mit einer Schicht Aluminiumfolie oder Polyethylenterephtalatfolie umwickelt und anschließend mit einem Baumwoll-Trikotstrumpf (Beinverband aus dem Sanitätshandel) überzogen werden.

Für bemalte Großtextilien (z.B. Fastentücher) muss der Durchmesser der Rolle bedeutend größer sein, um ein Brechen der Malschicht zu verhindern (Durchmesser ca. 40-60 cm). Derartige Rollen werden meistens als Holzkonstruktion mit übergroßen seitlichen Scheiben gefertigt und mit Karton, Alufolie und einer Lage Stoff überzogen. Zur Lagerung stehen derartige Rollen meistens auf den seitlichen Scheiben.

Tipp: *Befestigen Sie an den Stirnseiten Klappgriffe, damit Sie die Rolle bequem anheben können.*

Bügel

Handelsübliche Bügel sind in der Regel zu schmal und führen langfristig zum Knicken und Brechen der Textilien. Fertigen Sie sich geeignete Bügel mit breiten Holmen aus Holz an, welche Sie mit Alufolie dicht versiegeln und mit einer zusätzlichen Polsterung aus einem mit synthetischer Watte gefüllten Trikotstrumpf (Beinverband aus dem Sanitätsbedarf) versehen. Alternativ dienen auch ebenso gepolsterte, breite Kunststoffbügel, welche oft kostenlos von Bekleidungsgeschäften abgegeben werden. Die Schenkellänge von Letzteren ist jedoch oft zu kurz und die langfristige Haltbarkeit des billigen Kunststoffs ungewiss. Eine weitere Möglichkeit besteht darin, ein der Länge nach halbiertes Kartonrohr mit rostfreien Klammern auf einen Holzbügel zu tackern und das Ganze mit Aluminiumfolie und Trikotschlauch zu überziehen.

Für liturgische Gewänder (Kaseln, Pluviale, Dalmatiken etc.) existieren oft alte, zum jeweiligen Gewand passende Bügel aus Holz, welche wie oben beschrieben gepolstert werden können. Ungeeignet für die Aufbewahrung von textilen Objekten sind Drahtbügel, da hierbei scharfe Knickfalten in der Schulterpartie entstehen, die früher oder später brechen.

Transportkissen

Zur Sicherung von stabilen Objekten in Transportgebinden eignen sich auch mit losen Styroporkügelchen gefüllte Trikotschläuche verschiedener Größe. Diese wieder verwendbaren Kissen dienen bei der so genannten Kiwi-Verpackung als wieder verwendbare anschmiegsame Auflage, Polsterung und Zwischenlage für die Objekte.

Siehe auch Kapitel → *I.7 Materialien zur Verwendung im Umfeld von Kulturgut*

→ 7 Materialien zur Verwendung im Umfeld von Kulturgut

Allgemein

Historische Objekte können durch den direkten oder indirekten Kontakt mit anderen Materialien und deren Abbauprodukten beeinflusst oder geschädigt werden. Es können dies Verpackungsmaterialien und Lagerbehälter sein, aber auch Baustoffe, Farben, Kunststoffe, Oberflächenbeschichtungen, Holzwerkstoffe, Reinigungsmittel usw., welche beim Bau, der Einrichtung und der Nutzung von Gebäuden und Räumen Verwendung finden. Selbst ein Objekt selber kann ungünstige Auswirkungen auf ein anderes und/oder auf sich selbst haben (z.B. schwefelhaltiger Gummi oder frühe Kunststoffe).

Ziele

Ziel einer sorgfältigen Materialwahl ist es, geeignete Werkstoffe zu finden, welche die Objekte in keiner Art und Weise schädigen. Museumstaugliche Materialien sollten daher möglichst chemisch stabil sein und im Laufe ihrer Lebensdauer keine unerwünschten Eigenschaften annehmen oder schädigende Bestandteile abgeben. Dabei ist zu bedenken, dass auch bei der Materialwahl nicht nur das Objekt, sondern das gesamte »System Museum« mit seinen verschiedenen Komponenten und daher mit den unterschiedlichsten Ansprüchen zu betrachten ist. Chemisch relativ reaktionsträge Materialien können z.B. unerwünschte physikalische Eigenschaften haben (z.B. pulverbeschichtete glatte Oberflächen, auf welchen Objekte in Rollregalanlagen verrutschen). Vor und Nachteile derartiger Eigenschaften müssen gegeneinander abgewogen bzw. geeignete Maßnahmen getroffen werden.

Karton und Papier

Unterschiedliche Rohstoffe und Herstellungsverfahren für Papier und Karton führen dazu, dass diese Materialien einen mehr oder weniger hohen Säuregehalt aufweisen. Säurehaltiges Material ist jedoch im Museums- und Archivbereich unerwünscht. Verwenden Sie stattdessen so genannte alterungsbeständige oder archivfähige Materialien. Für die meisten Objektgruppen eignen sich *säurefreie, ligninfreie,* gepufferte Papier- und Kartonqualitäten. Produkte, nach der Norm ISO 9706 oder ISO 18902 bzw. solche, die den so genannten »Photographic Activity Test« (PAT) nach Norm ISO 14523 bestanden haben, entsprechen diesen Anforderungen. Für proteinhaltige Materialien wie Wolle, Seide und Leder sowie für gewisse Kunststoffe werden *säurefreie, un*gepufferte Materialien empfohlen. Pergamin ist eine Form von Papier, welche glatt und leicht durchscheinend ist. Wichtig ist auch hier, dass verwendete Produkte ebenfalls alterungsbeständig sind bzw. den Photographic Activity Test (PAT) bestanden haben.

Handelsübliche Verpackungskartons sind meistens aus billigem, säure- und holzhaltigem (ligninhaltigem) Material hergestellt sowie teilweise mit Fungiziden behandelt (Bananenschachteln). Sie eignen sich daher *nicht* für die Lagerung von Objekten. Müssen solche Schachteln für die *kurzfristige* Zwischenlagerung dennoch verwendet werden, sollten sie mit einer Zwischenlage aus säurefreiem Seidenpapier, Polyethylenschaumfolie oder gewaschenen und mehrfach ohne Zusätze gespülten, ungefärbten Tüchern ausgeschlagen werden (z.B. alte Bettlaken). Außerdem sollte sichergestellt sein, dass ungeeignete Materialien möglichst rasch durch geeignetere ersetzt werden. Zeitungspapier ist sowohl wegen seiner minderen Papierqualität als auch wegen der darauf haftenden Druckerschwärze ein denkbar ungeeignetes Material zur Verpackung von Objekten. Verwenden Sie zur Aufbewahrung von Archivalien Materialien, die der Norm ISO 16245 für Archivschachteln und Verpackungen von Dokumenten aus Papier und Pergament entsprechen.

Schreibgeräte und Beschriftungen

Grundsätzlich sollte Kulturgut sehr zurückhaltend und möglichst so beschriftet werden, dass die Beschriftung wieder rückgängig gemacht werden kann (siehe unten in diesem Kapitel → *Objektbeschriftungen*). Verwenden Sie auch für die Arbeit im Umgang bzw. in der Nähe von Kulturgut einen weichen Bleistift an Stelle von Kugelschreibern, Filzstiften etc.

Die Beschriftung von Lagerschachteln und Etiketten erfolgt am einfachsten mit wasserfesten Medien wie einem Bleistift, einem archivechten, wasserfesten und lichtechten Filzstift oder Tusche. Auch mit dem Laserdrucker (schwarz) hergestellte Beschriftungen sind geeignet. Achten Sie darauf, dass mit Laserdrucker erstellte Dokumente unbedingt mit korrekter Einbrenntemperatur, d.h. mit genügend lange aufgewärmtem Gerät, erstellt werden, da sonst der Druck v.a. bei Verwendung von dickeren Trägermaterialien ungenügend fixiert wird. Für Etiketten haben sich auch Thermotransferdrucker unter Verwendung von korrekt aufeinander abgestimmtem Druckband und Trägermaterial bewährt. Nicht geeignet sind Kugelschreiber, wasserlösliche Filzstifte, Tinten, Stempel und dergleichen sowie die vielfach ebenfalls nicht wasserfesten Ausdrucke von Tintenstrahldruckern. Bei Tintenstrahldruckern eignen sich nur solche mit wasserfester, pigmentierter Tinte.

Tipp: *Handelsübliche wasserfeste Filzstifte sind oft nicht lichtecht, wodurch die Beschriftung allmählich ausbleicht und verschwindet.*

Objektbeschriftungen (Inventarnummer)

Für die direkte Beschriftung der Objekte mit der Inventarnummer bestehen je nach Objektgattung und Material verschiedenste Verfahren, welche die unterschiedlichsten Materialien verwenden. Fragen Sie einen Konservator/ Restaurator nach den für Ihren Fall geeigneten Möglichkeiten und Materialien. Ziel sollte es sein, die Beschriftung im Bedarfsfalle ohne Beeinträchtigung des Objekts wieder rückgängig machen zu können. Allerdings ist hier die Reversibilität abzuwägen mit der »Nicht-Entfernbarkeit« einer Kennzeichnung, welche z.B. einem Dieb die Vertuschung der Objektherkunft erschwert.

Tipp: *Verwenden Sie keine handelsüblichen Klebeetiketten, Filzstifte, Kugelschreiber, Stempel und dergleichen, sondern Produkte, die speziell für den Archiv- und Museumsbedarf hergestellt werden.*

Siehe auch Kapitel → *II.2 Beschriftungen und Auszeichnung von Objekten und Objektstandorten*

Lösungsmittelhaltige Produkte

Viele gebrauchsfertige Farben, Klebstoffe und Reinigungsmittel enthalten Lösungsmittel, welche sich im Verlaufe der Anwendung, Trocknung und Alterung verflüchtigen. Dieser Prozess kann die Umgebungsbedingungen in einem Raum beeinflussen sowie unter Umständen die Objekte schädigen und die Gesundheit von Mitarbeitern gefährden. Farben, Klebstoffe und Reinigungsmittel sollen daher in gut gelüfteten Räumen und wenn immer möglich nicht in Depot- oder Museumsräumen angewendet werden. Besondere Vorsicht ist bei Spritzarbeiten mit Spritzpistolen und Spraydosen geboten, damit nicht Objekte von Sprühnebeln in Mitleidenschaft gezogen werden. Vor der Nutzung sollten renovierte Depot- und Museumsräume (z.B. mit neuen Bodenbelägen ausgestattete oder frisch gestrichene Räume) während mindestens 3 bis 6 Monaten, neu erstellte Räume (z.B. gemauerte oder betonierte Räume) während mindestens 9 bis 12 Monaten vollständig austrocknen bzw. ausgasen können. Terminieren Sie derartige »nasse« Arbeiten möglichst früh im Bauablauf und berücksichtigen Sie die notwendigen Zeitspannen bereits in der Bauplanung.

Farben und Lacke

Für die meisten Anwendungen (Wände, Holz, Einrichtungen etc.) lassen sich heute wasserbasierte oder lösungsmittelarme Farben und Lacke verwenden. Rechnen Sie unbedingt ausreichend lange Trocknungszeiten ein. Bei der

Oberflächenbehandlung von Metallen sind pulverbeschichtete oder einbrennlackierte Oberflächen unbedingt gespritzten oder gemalten vorzuziehen, da sie in der Regel chemisch stabiler und im Gebrauch problemloser sind.

Reinigungsmittel

Verwenden Sie in der Unterhaltsreinigung von Gebäuden umweltverträgliche Reinigungsmittel. In den meisten Fällen sind lösungsmittelhaltige Reinigungsmittel (z.B. solche, die Ammoniak enthalten) nicht notwendig. Führen Sie das Reinigen von Objekten nur unter Anleitung und Aufsicht eines Konservators/Restaurators aus oder lassen Sie diese Arbeiten durch ihn ausführen.

Siehe auch Kapitel → *II.5 Unterhaltsreinigung von Objekten*

Klebstoffe

Die Auswahl und der Einsatz von Klebstoffen am Objekt (z.B. zur Festigung oder Reparatur) sollte grundsätzlich dem Konservator/Restaurator vorbehalten bleiben. Vermeiden Sie im Ausstellungs- und Depotbereich nach Möglichkeit den Einsatz von Klebstoffen. Bestandteile wie z.B. Weichmacher und Lösungsmittel können unter Umständen ins Objekt einziehen oder ausgasen. Durch Alterung können zudem gewisse Klebstoffe ihre Eigenschaften ändern und spröde oder klebrig werden.

Tipp: *Achten Sie auch bei Baumaßnahmen darauf, schadstoffarme Klebstoffe einzusetzen (z.B. zum Kleben von Bodenbelägen).*

Klebstreifen/Klebetiketten

Handelsübliche Klebestreifen, Haftzettel (Post-it) und Klebeetiketten enthalten Klebstoffe, welche in der Regel wenig alterungsbeständig sind. Sie vergilben, werden spröde oder klebrig und hinterlassen oft nicht mehr zu entfernende Spuren. Sie sind daher für Museen, Depots und Archive ungeeignet und gehören schon gar nicht auf Objekte. Auch von der kurzfristigen Verwendung ist dringend abzuraten, da derartige Behelfe oft in Vergessenheit geraten und Schaden anrichten können. Für bestimmte Anwendungen wie die Buchrestaurierung von Gebrauchsbüchern in Bibliotheken oder die Beschriftung von Lagerbehältern, Hüllen von Datenträgern sowie von Regalen gibt es im Fachhandel Produkte mit geeigneten, lösungsmittelfreien Spezialklebstoffen.

Kunststoffe

Um Kunststoffen bestimmte Eigenschaften zu verleihen, werden ihnen Weichmacher und andere Stoffe zugesetzt, die im Verlaufe des Alterungsprozesses ausgasen und in die Umgebung gelangen oder bei direktem Kontakt mit einem Objekt langsam in dieses einziehen können. Achten sie darauf, möglichst weichmacherfreie Produkte zu verwenden.

Vorsicht ist geboten bei der Verwendung von handelsüblichen Plastikplanen. Sie enthalten meist größere Mengen Weichmacher. Sie bergen zudem (wie alle nicht atmungsaktiven Werkstoffe) die Gefahr, dass sich im Innern der Verpackung ein ungünstiges Klima bildet, das unter Umständen die Bildung von Schimmelpilz fördert. Belassen Sie daher Objekte im Normalfall zur Lagerung nicht in Plastik-, Luftpolster- oder Polyethylenschaumfolien. Kunststoffe zersetzen sich mit der Zeit, werden spröde oder klebrig und ziehen durch statische Aufladung den Staub an. Die meisten Kunststoffe schmelzen zudem bereits bei niedrigen Temperaturen, sind brennbar und stellen dadurch nach einem Brandfall bei einer eventuell notwendigen Reinigung der betroffenen Objekte ein großes Problem dar. Nutzen und Risiken des Einsatzes von Kunststoffen sind daher sorgfältig gegeneinander abzuwägen.

Im Museums- und Archivbereich haben sich bislang in erster Linie folgende Kunststoffe bewährt: Polyethylenterephtalat (PET, häufig als Folien z.B. unter den Markennamen Melinex ®, Hostaphan ®, Mylar ® sowie Secol ® für Klarsichthüllen), Polyethylen- (PE, häufig in geschäumter Form unter dem Markennamen Ethafoam ® und Plastazote ®), Polypropylen- (PP) und Polystyrolkunststoffe (PS).

Vermeiden Sie unbedingt Polyvinylchloridkunststoffe (PVC) und Polyurethanschaumstoffe (PU), insbesondere auch bei Boden- und Wandbelägen im Museum und im Depot.

Gummi

Natürlicher als auch synthetischer Gummi ist z.T. stark schwefelhaltig und daher ungeeignet als Material in Kulturgüterdepots (z.B. als Bodenbelag).

Holz

Holz enthält je nach Holzart mehr oder weniger hohe Anteile an Gerbsäure und Harzen, welche gasförmige Schadstoffe abspalten können. Wird Holz für Depoteinrichtungen, Objektverpackungen und Objektmontagen verwendet, ist darauf zu achten, keine gerbsäurereichen Hölzer (z.B. Eiche, Kastanie sowie viele exotische Hölzer) und keine harzreichen Hölzer (z.B. Fichte, Tanne) zu verwenden. Am besten eignen sich nach bisherigen Erkenntnissen Pappel- und Lindenholz sowie Esche und gut gelagerte einheimische Buche.

Neben teuren Massivhölzern eignen sich auch Tischler- oder Sperrholzplatten aus einheimischen Hölzern, wobei darauf zu achten ist, dass im Innern der Platte nicht aus Kostengründen exotische Hölzer mit hohem Säuregehalt verwendet werden. Verwenden Sie wenn möglich keine billigen Pressspanplatten, da diese aus Holzschnipseln und Klebstoff zusammengepresst sind und z.T. ausgasen (v.a. Formaldehyd).

Tipp: *Wenn sie Spanplatten oder mitteldichte Faserplatten (MDF-Platten) verwenden, achten Sie darauf, solche vom Typ E1 mit möglichst geringem Schadstoffgehalt zu verwenden. Auf jeden Fall sollten alle Holzwerkstoffe inkl. Spanplatten und MDF-Platten vollständig getrocknet und ausgelüftet werden, bevor sie im Kulturgüterbereich eingesetzt werden.*

Objekte sollen soweit als möglich nicht in direkten Kontakt mit dem Holz kommen. Verwenden Sie daher eine Trennschicht wie z.B. Polyäthylenterephtalat-Folie (Melinex ®, Hostaphan ®, Mylar ®), Polyethylenschaumfolie oder säurefreies Seidenpapier. Als Lagerbehälter (z.B. als Einschubkisten) eignen sich nach heutiger Kenntnis auch unbehandelte, möglichst leimfrei verarbeitete Holzkisten aus sehr gut gelagertem einheimischem Buchenholz, zumal diese außerordentlich stabil sind (z.B. für schwere Mineraliensammlungen).

Für gewisse Zwecke können Holzmaterialien auch mit einer Farb- oder Lackschicht abgesiegelt werden, was jedoch oft nicht notwendig ist.

Mit der Verwendung von Holz ist auch immer die Gefahr der Einschleppung von Holzschädlingen verbunden (z.B. mit Europaletten und Kisten). Verwenden Sie bevorzugt thermisch behandeltes Holz, das unmittelbar vor dem Einbringen ins Depot im Trocknungsofen während 24 Stunden auf mindestens 65° C aufgeheizt wurde, um mögliche Schädlinge abzutöten. Abzuraten ist von chemisch gegen Schädlinge behandelten Hölzern, da in den meisten Fällen die Wirkstoffe unbekannt sind und diese unter Umständen das Kulturgut schädigen könnten. Als Alternative zu Holzpaletten haben sich solche aus Kunststoff bewährt. Sie sind gegen Schädlinge resistent, haben allerdings den Nachteil, derzeit noch teurer zu sein.

Beton/Zement

Abbindender Zement oder Beton führen zu einer alkalischen Umgebung, welche unter Umständen Kulturgut schädigen kann. Lassen Sie daher frisch betonierte Räume während mindestens 9 bis 12 Monaten vollständig austrocknen.

Metalle

Achten Sie darauf, dass Metallteile wie Beschläge, Regale, Nägel, Schrauben und Heftklammern (Bostiches) etc. unbedingt rostfrei sind. Bei der Oberflächenbehandlung von Metallen sind pulverbeschichtete Oberflächen gespritzten oder gemalten vorzuziehen, da sie in der Regel chemisch stabiler und im Gebrauch problemloser sind. Feuerverzinkte Metallteile sind als Alternative nur bedingt geeignet, da diese Art der Oberflächenbehandlung wegen der Abspaltung von Metallionen problematisch ist (z.B. für fotografische Sammlungen nicht geeignet).

Verbundmaterialien

Zunehmend werden in vielen Bereichen auch Verbundmaterialien verwendet, welche aus verschiedenen Grundmaterialien wie Aluminium, Kunststoff, Karton oder Holz bestehen. Achten Sie darauf, dass möglichst alle Bestandteile, zumindest aber die mit den Objekten in Berührung kommenden Oberflächen keinen schädigenden Einfluss auf die Objekte haben.

Textilien

Zum Abdecken von Objekten (z.B. Hussen für Möbel oder Überwürfe für liturgische Gewänder) eignen sich v.a. leichte, dicht gewebte, ungebleichte und ungefärbte Baumwollstoffe wie z.B. Kambrik (Federbett-Gewebe) oder alte Bettlaken. Handelsübliche Textilien werden in der Produktion und Verarbeitung oft mit Hilfsstoffen behandelt (so genannte Schlichten, Appreturen etc.), welche Objekte beeinträchtigen können. Legen Sie neu gekaufte Textilien vor dem Gebrauch über Nacht in Wasser ein und waschen Sie sie anschließend mit einem Waschmittel *ohne* optische Aufheller, Parfüm und Weichspüler. Waschen Sie diese Textilien ein zweites Mal ohne jeglichen Zusatz. Bereits entschlichtete Stoffe sind im Theaterbedarf und im Konservierungsfachhandel erhältlich. Wollstoffe sind *un*geeignet, da sie Schwefelverbindungen enthalten, die sich unter Umständen abspalten können und z.B. bei Silberobjekten zu Korrosion führen. Sie bilden zudem eine beliebte Nahrungsquelle für verschiedene Schädlinge (z.B. Kleidermotten). Vorsicht ist geboten mit gefärbten Stoffen, da sie im ungünstigsten Fall in Kontakt mit Wasser ausbluten und unter gewissen Bedingungen abfärben können. Testen Sie wiederverwendete bunte Stoffe vor dem Gebrauch auf ihre Nassechtheit.

Chemische Schädlingsbekämpfungsmittel

Mit zunehmender Kenntnis biozider Substanzen hat sich auch gezeigt, dass selbst vormals hoch gepriesene Mittel für Mensch und Umwelt problematisch sind. Viele dieser ehemals beliebten Produkte wie z.B. DDT oder Lindan sind schwer abbaubar und bleiben nach der Anwendung auf den Objekten zurück. Auch Jahrzehnte nach der Anwendung sind sie noch nachweisbar und nach wie vor giftig. Verwenden Sie daher nicht nach eigenem Gutdünken chemische Mittel, sondern überlassen sie die Anwendung Fachkräften, welche genau über Wirkung und Anwendung der Substanzen Bescheid wissen. Falsche Auswahl und Anwendung von Chemikalien kann ein Objekt in Zustand und Aussehen beeinträchtigen und ist zudem sowohl eine Gefahr für diejenigen, welche die Substanz anwenden als auch für die zukünftigen Nutzer, welche diese Objekte handhaben werden. Heute bestehen zudem Alternativen zur chemischen Schädlingsbekämpfung.

Siehe auch das Kapitel → *II.6 Arbeitssicherheit im Umgang mit Kulturgut*

II. Teil – Handhabung von mobilem Kulturgut

→ 1 Grundsätzliches zur Handhabung von Kulturgut

Risiken

Jede Handhabung eines Objekts ist mit einem gewissen Risiko behaftet. Häufige, dauernde oder intensive Nutzung bedeutet eine entsprechend große Belastung des Objekts. Keine Handhabung würde heißen, dass die Objekte dem Publikum und der Forschung nicht als materielle Zeugen der Kultur zur Verfügung stünden. Es ist daher abzuwägen zwischen dem einzugehenden Risiko der Handhabung und dem Sinn einer Nutzung des Objekts.

Grundsätzliches Vorgehen

Überlegen Sie sich den genauen Ablauf des Vorhabens, bevor Sie die Objekte handhaben.

- **Schauen** Sie sich das Objekt als Erstes genau an. Versuchen Sie zu erkennen, wo seine Schwachstellen sind und ob es möglicherweise aus mehreren unter Umständen losen Teilen besteht, die bei der Handhabung auseinander fallen könnten.
- **Überlegen** Sie sich, wie Sie das Objekt sicher bewegen können, ohne das Objekt als Ganzes oder einzelne Teile davon zu gefährden: Wie ist das Objekt zu verpacken, zu schützen bzw. zu sichern? Brauchen Sie Hilfsmittel oder Hilfe? Ist der neue Standort vorbereitet? Sind die Verkehrswege frei und groß genug?
- **Vorbereiten** ist die Grundlage jeder erfolgreichen Handhabung eines Objekts.
- **Evaluieren** Sie nochmals, ob das beabsichtigte Vorgehen durchführbar und angemessen ist.
- **Erläutern** Sie allen Beteiligten klar, was Sie zu tun gedenken und was die ihnen zugedachte Aufgabe ist.
- **Handeln** Sie zielstrebig, aber ohne Hast.
- **Kontrollieren** Sie, ob das Objekt am neuen Standort (Ausstellung, Zwischenlager, PKW/LKW etc.) sicher aufgehoben ist.

  Durchsuchen Sie nach dem Auspacken das Verpackungsmaterial sorgfältig nach möglicherweise vergessenen Teilen oder Objekten.

  Stellen Sie sicher, dass der neue bzw. der temporäre Standort in der Objektdatenbank bzw. auf der Inventarkarte oder im Inventarbuch vermerkt ist.

Vorbereiten

Achten Sie darauf, dass Kleidung und Hände bei der Arbeit mit Objekten sauber sind. Verwenden Sie wenn möglich immer Handschuhe aus Baumwolle, Kunststoff oder Latex, um zu vermeiden, dass die Objekte durch Schweiß beeinträchtigt werden, aber auch zu ihrem eigenen Schutz. Einzige Ausnahme ist, wenn die sichere Handhabung des Objekts durch Handschuhe behindert wird. Tragen Sie keine Kleidungsstücke mit vorstehenden Knöpfen, Reißverschlüssen oder Gurtschnallen, die das Objekt beschädigen könnten. Ziehen Sie zur Handhabung von Objekten Schmuck wie Broschen, Fingerringe mit vorstehenden Teilen, Halsketten etc. ab.

Ziehen Sie weitere Mitarbeiter bzw. Hilfsmittel bei, um die Objekte sicher bewegen zu können.

Verpacken und sichern Sie nötigenfalls die Objekte, bevor Sie diese bewegen oder transportieren. Sorgen Sie dafür, dass sie vor der Witterung (Feuchte, Nässe, Klimaschock etc.) geschützt sind, wenn sie außer Haus verschoben werden.

Stellen Sie sicher, dass der neue Standort vorbereitet ist und die Verkehrswege dorthin frei von Hindernissen sind.

Handhaben

Viele Objekte sind in sich nicht stabil (z.B. Papier, Textilien, mehrteilige Objekte, Objekte mit beweglichen Teilen etc.) oder durch Alterung und Gebrauch geschwächt (z.B. versprödet, defekt etc.). Tragen Sie in sich instabile Objekte nicht frei herum, sondern legen Sie sie auf eine stabile Unterlage (z.B. Tablett oder stabilen Karton).

Bewegen und transportieren Sie möglichst nur ein Objekt auf einmal oder benutzen Sie geeignete Transportgebinde und Hilfsmittel wie Mappen, Schachteln, Stapelbehälter, Europaletten, Bilderwagen etc., um mehrere Objekte gleichzeitig zu verschieben.

Tipp: *Falls Sie viele gleichartige Lagergebinde verschieben müssen, ist es angebracht, diese zum Transport auf Europaletten zu stapeln und zu fixieren oder sich einen Wagen ähnlich einem Tablettwagen in der Kantine zu beschaffen, der auf die zu transportierenden Gebinde ausgelegt ist. Im Idealfall lässt dieser sich rundum verschließen und bietet so während dem Transport noch einen gewissen zusätzlichen Schutz. Die Objekte in ihren Transportgebinden werden erst am neuen Standort wieder ausgeladen.*

Stellen Sie sicher, dass ein für die Begutachtung durch einen Besucher oder zur weiteren Bearbeitung bereitgestelltes Objekt standfest platziert und gegebenenfalls fixiert ist und nicht wegrollen oder herunterfallen kann. Stellen Sie das Objekt auf eine geeignete Unterlage, so dass diese an Stelle des Objekts bewegt werden kann, um dieses zu drehen.

Tipp: *Wenden Sie für sich und für Dritte die gleichen Maßstäbe zur Handhabung von Kulturgut an. Vernachlässigen Sie im Alltag nicht aus Bequemlichkeit ihre eigenen Grundsätze (z.B. Handschuhe zu tragen).*

Tipp: *Legen Sie dem Besucher nebst dem Objekt auch die zur korrekten Handhabung notwendigen Hilfsmittel wie Handschuhe, Buchkeile etc. unaufgefordert bereit.*

Ethik

Bedenken Sie, dass sich Personen in ihren Gefühlen verletzt fühlen können, wenn sich menschliche Reliquien (Knochen, Schädel, Haare etc.) sowie auch gewisse Kultobjekte in Museumssammlungen befinden. Respektieren Sie die ursprüngliche Funktion von Reliquien und von kultischen Objekten bzw. die Gefühle anderer und behandeln sie derartige Objekte mit der nötigen Sorgfalt und Ehrfurcht. Respektieren Sie kultische Vorschriften (z.B. bei gewissen ethnografischen Objekten aus Nordamerika, dass Objekte nicht von Frauen betrachtet und/oder gehandhabt werden sollen. Diese Regeln sind kein Affront gegen Frauen, sondern meist eine Anerkennung der Stärke, die von Frauen im gebärfähigen Alter ausgeht).

→ 2 Beschriftungen und Auszeichnung von Objekten und Objektstandorten

Beschriftung der Objekte

Grundsätzlich sollte ein Objekt selbst nur mit dem für eine Identifikation absolut Notwendigen beschriftet werden (z.B. mit der Inventarnummer). Die Beschriftung soll möglichst diskret, zugleich jedoch gut auffindbar sein, ohne dass das Objekt übermäßig bewegt werden muss, und sie sollte mit dem Objekt dauerhaft verbunden sein.

Tipp: *Die Objektbeschriftung ist besser auffindbar, wenn gleichartige Objekte systematisch immer am gleichen Ort bezeichnet werden (z.B. grafische Blätter immer auf der Rückseite unten rechts).*

Für die *direkte* Beschriftung der Objekte mit der Inventarnummer bestehen je nach Objektgattung und Material verschiedenste Verfahren. Jede Beschriftung sollte möglichst ohne Beeinträchtigung des Objekts wieder rückgängig gemacht werden können. Fragen Sie einen Konservator/Restaurator nach den für Ihren Fall geeigneten Möglichkeiten und Materialien. Verwenden Sie zur Beschriftung des Originals keinesfalls handelsübliche Klebestreifen, Klebeetiketten, Filzstifte, Kugelschreiber, Stempel und dergleichen.

Tipp: *Verwenden Sie keine der als kurzfristige Merkzettel gedachten Haftzettel (Post-it). Der spezielle Klebstoff hinterlässt bereits nach kurzem Verbleib oft nicht mehr entfernbare Spuren in Büchern und an Objekten. Derartige Haftzettel sind daher auch zur provisorischen Kennzeichnung nicht geeignet (z.B. bei der Vorbereitung von Leihgaben und Ausstellungen), da sie oft vergessen werden und an den Objekten verbleiben.*

Objektetiketten

Ist die Beschriftung auf dem Objekt selbst nicht möglich, kann dies auch mit einer Etikette erfolgen, welche mit einer feinen Schnur oder einem Kunststoff-Clip angebracht ist. Dünner Draht zur Befestigung der Etiketten ist ungeeignet, da er das Objekt verkratzen kann. Wird Faden oder Schnur zur Befestigung verwendet, ist darauf zu achten, dass die Materialien nicht ausbluten (der rote Faden herkömmlicher Preisetiketten ist oft nicht nassecht). Faden hat zudem den Nachteil, nicht sehr reißfest zu sein.

Auf nicht originalen Teilen wie z.B. dem Rückseitenschutz von Gemälden und gerahmter Grafik lassen sich auch Klebeetiketten ohne Gefahr fürs Objekt anbringen. Verwenden Sie möglichst archivechte Etiketten mit lösungsmittelfreiem Klebstoff.

Eine gut lesbare Etikette kann auch ergänzend zur Beschriftung am Objekt der einfacheren Auffindbarkeit der Objekte im Depot dienen sowie weitere Information wie z.B. eine Strich-Code-Auszeichnung, eine Klassifikation, Angabe des Künstlers, Titel etc. aufweisen. Bei fotografischem Material wird oft eine Etikette (z.T. mit zusätzlicher Information) auf der schützenden Hülle angebracht. Bei kleinen Objekten, bei welchen ein Anbringen von Etiketten nicht möglich oder nicht sinnvoll ist, wird die Information oft auf Beizetteln dem Objekt beigelegt oder bei Münzen auf den so genannten Münzkarton, der unter dem Objekt liegt, geschrieben. Bei beiden Systemen besteht eine relativ große Gefahr, die Information zu vertauschen, weshalb besondere Sorgfalt bei der Nutzung der Bestände geboten ist.

Tipp: *Vermerken Sie bei schweren Objekten auch deren Gewicht auf der Etikette. Sie sind dadurch beim Handhaben der Objekte »vorgewarnt« und können sich Hilfe organisieren. Zudem lässt sich mit dieser Angabe leichter abschätzen, ob die Tragfähigkeit einer Lagereinrichtung mit der aktuellen Belastung bereits ausgeschöpft ist.*

Tipp: *Vermeiden Sie es, auf der Etikette Informationen unterzubringen, welche sich verändern können, wie z.B. die Angabe des Standorts.*

Beschriftung Lagergebinde

Werden Lagerbehälter wie z.B. Schachteln oder Archivmappen verwendet, ist es sinnvoll, diese außen mit den relevanten Angaben zu den einzelnen darin enthaltenen Objekten zu beschriften.

Tipp: *Beschriften Sie Schachteln nicht nur am Deckel, sondern auch am Unterteil. Dadurch verringert sich die Verwechslungsgefahr.*

Tipp: *Versehen Sie die Lagerbehälter an der Außenseite und möglichst in Lagerposition sichtbar mit dem Bild aller darin enthaltenen Objekte (Foto, Fotokopie oder archivechter Ausdruck). Sie verhindern dadurch, dass Lagerbehälter auf der Suche nach einem Objekt geöffnet, die Objekte ausgepackt und unnötig bewegt werden müssen.*

Beschriftung der Standorte

Im Alltag hat es sich bewährt, so genannte synthetische, möglichst erweiterbare Standortbezeichnungen zu verwenden. Dabei ist es von Vorteil, die Standortbezeichnung an der Regaltraverse, am Einlegeboden, an der Schublade oder evtl. am Lagerbehälter anzubringen. Achten Sie darauf, dass die Standortbezeichnungen eindeutig (nur einmal im ganzen Museum vorkommend) und erweiterbar sind. Jeder Nutzer sollte zudem das zugrunde liegende Ordnungssystem kennen und den Standort aus der Angabe logisch ableiten können.

Tipp: *Beziehen Sie bereits bei der Planung mögliche zukünftige Verdichtungen und Erweiterungen sowie derzeit noch ungenutzte Bereiche in ihr Bezeichnungssystem mit ein. Nicht genutzte Bereiche stören das Standortbezeichnungssystem nicht, wogegen das nachträgliche Einfügen eines Bereichs in der Regel das System durchbricht.*

Ein Standortbezeichnung könnte z.B. wie folgt aufgebaut sein:

HG.1.3.G

HG.	1.	3.	G.
Hauptgebäude	Raum 1	Regal 3	Einlegeboden G

oder in einem komplexeren Fall:

SZ.2.A.14.6.D.1

SZ.	2.	A.	14.	6.	D.	1.
Sammlungs-zentrum	Gebäude 2	Geschoss A	Bereich 14	Regal 6	Einlege-boden D	Behälter 1

(Punkte zwischen einer Zahl und nachfolgenden Buchstaben können auch weggelassen werden.)

Tipp: *Es hat sich bewährt, für die vertikale Orientierung (z.B. für Einlegeböden und Schubladen) Buchstaben und für die horizontale Orientierung Zahlen zu verwenden. Dabei wird immer von unten nach oben gezählt. Dadurch ist die Ebene A stets am Boden (und meist auch am stärksten belastbar). Dieses System kann auch auf Geschosse angewandt werden, wobei A immer das Erdgeschoss ist. Untergeschosse werden in gleicher Art und Weise als UA, UB, UC etc. bezeichnet, wobei jedoch UA das erste Untergeschoss darstellt (Zählweise vom Erdgeschoss nach unten).*

Tipp: *Beschriften Sie einen Einlegeboden jeweils so, dass das Objekt auf der jeweiligen Ebene steht, d.h. dass der Standort den Raum* oberhalb *des Einlegebodens bezeichnet. Dies gilt auch für die unterste Ebene, da diese stets vom Boden abgehoben sein sollte bzw. eine Beschriftung am Sockel oder der Europalette möglich ist.*

Die Standorte (Lagereinrichtungen) sollten immer gut sichtbar beschriftet sein. Befestigen Sie Standortetiketten dauerhaft an der Lagereinrichtung mittels rostfreien Heftklammern (Bostich) oder Reißnagel. Dies gilt natürlich nicht für historische Einrichtungen wie z.B. Kommoden, Schränke und dergleichen. Für Regale bestehen auch verschiedene Halterungen zum Einschieben von Beschriftungen.

Für die Beschriftung von glatten Oberflächen wie Metalleinlegeböden eignen sich auch bestimmte alterungsbeständige Klebeetiketten (z.B. Polyethylen- oder Polyester-Etiketten mit lösungsmittelfreiem Acrylkleber). Handelsübliche Klebeetiketten und Klebestreifen sind oft nicht alterungsbeständig und verwenden ungeeignete Klebstoffe.

Der Untergrund für Klebeetiketten muss sauber, staubfrei, glatt und ohne Vertiefungen oder Profilierungen sein. Vermeiden Sie es, Etiketten vorstehen zu lassen oder um Kanten herum anzubringen, da sie sich sonst rasch lösen. Kleben Sie Etiketten möglichst bei Raumtemperatur und drücken Sie diese nach 1-2 Wochen nochmals fest.

Tipp: *Es hat sich bewährt, wenn die zum Aufkleben verfügbare Fläche mindestens 3-4 mm größer ist als die Etikette. Richten sie daher die Größe der Etiketten nach dem vorhandenen Platz an den Regalen, Einlegeböden und Traversen.*

Zusätzliche Hilfsmittel wie Strich-Code oder Transponder (elektronisch lesbare Kennzeichnungen und Objektsicherungen) erleichtern in der Industrie die Bewirtschaftung und den Umschlag großer Warenmengen. Im Kulturgüterbereich sind sie jedoch nur sinnvoll bei sehr großen Objektbeständen und Umlagerungsaktionen (mehr als 10.000 Objekte) bzw. bei Beständen mit großem

Leihverkehr und damit großem Objektumschlag wie z.B. bei Wanderausstellungen mit vielen Objekten und Stationen.

Tipp: *Vermeiden Sie, in der Objektdatenbank den Standort auf mehrere Datenbankfelder aufzuteilen, da dies zu einem späteren Zeitpunkt eine einfache elektronische Bewirtschaftung z.B. mittels Strich-Code erschweren würde. Eine klug aufgebaute Standortbezeichnung soll in einem Feld alle notwendigen Informationen zur Identifikation des Standorts enthalten.*

→ 3 Verpacken von Objekten

Verpackung

Die Verpackung hat die Funktion, das Objekt während einer beschränkten Zeit (Transport) oder während einer unbeschränkten Zeit (Lagerung) vor verschiedenen äußeren Einwirkungen zu schützen. Diese können sein:

- Staub, Schmutz und gasförmige Luftschadstoffe
- Licht
- Klimaschwankungen (Temperatur, Feuchte)
- Nässe
- Bestoßung
- Erschütterung
- Nicht-Auffindbarkeit/Verlust/Diebstahl

Ausgangskontrolle vor dem Verpacken

Kontrollieren Sie eigene oder fremde Objekte auf Vollständigkeit und eventuelle Schäden oder Mängel *bevor* Sie diese verpacken. Halten Sie vorhandene (auch offensichtlich alte) Schäden kurz in Worten, in einer Skizze oder in einem (Detail-)Foto fest und erstatten Sie umgehend Mitteilung an die Verantwortlichen bzw. die Besitzer. Erstellen Sie auch von eigenen Objekten ein ausführliches Zustandsprotokoll, wenn Sie diese an Dritte ausleihen und überprüfen Sie ebenso genau den Objektzustand nach der Rückkehr des Objekts.

Verpackungsstypen

Abhängig von der Transportaufgabe sowie der Anzahl, Größe, Beschaffenheit und Empfindlichkeit der Objekte eignen sich verschiedene Verpackungs- und Sicherungsarten. Dabei ist zwischen drei Grundtypen zu unterscheiden:

Kiwi-Verpackung

Wie der Name sagt, werden die Objekte analog zu den druckempfindlichen Kiwis im Lebensmittelhandel so verpackt, dass sie nicht seitlich verrutschen können.

Die Kiwi-Verpackung bietet keinen vollständigen Schutz und eignet sich v.a. für interne Transporte, aber auch für die Punkt-zu-Punkt-Verschiebung (ohne Umladung oder Zwischenlagerung) großer Objektmengen wie z.B. bei einem Depotumzug. Die Objekte sind bei dieser Verpackungsart in der Regel von oben sichtbar und frei zugänglich. Dadurch ist auch die Empfindlichkeit der Objekte stets erkennbar. Die oben offenen Transportbehälter können z.T.

auch gestapelt werden, ohne dass sich die Objekte berühren. Nachteile der Kiwi-Verpackung sind, dass sie keinen klimatischen Schutz für die Objekte bietet und dass die Transporteinheiten wegen Diebstahlsgefahr ständig unter Aufsicht sein müssen. Zudem können Objekte beim Umkippen der Behälter oder bei einem Sturz herausfallen, da sie nur nach zwei Seiten hin gesichert sind.

Rund-um-Verpackung

Die »Rund-um-Verpackung« schützt das Objekt, wie ihr Name sagt, rundherum und eignet sich für externe Transporte, bei denen Objekte nicht vorhersehbaren Klimaschwankungen und Erschütterungen unterliegen, durch verschiedene Hände gehen und nicht ständig überwacht werden können. Bei dieser Verpackungsart ist das Objekt rundherum geschützt und daher in der Regel nicht mehr sichtbar. Diese Verpackungsart ist meist aufwändiger und daher auch teuer. Sie reicht von einem einfachen Schutz durch Luftpolsterfolie, Polyethylenschaumfolien und dergleichen bis zu einer festen Kiste mit auf das Objekt maßgefertigter »Innenausstattung« zur Sicherung, Polsterung und Klimastabilisierung. Derartige Spezialverpackungen werden durch Kunstverpackungsfirmen hergestellt bzw. durch Kunsttransportfirmen angeboten. Aufwändige Ausführungen sind teuer und eignen sich vor allem für wertvolle Einzelstücke und Transporte über weite Strecken wie z.B. mit dem Flugzeug. Je nach Anforderung muss ein Objekt in einer derartigen Rund-Um-Verpackung ein Kippen oder gar ein Herunterfallen von einer gewissen Höhe unbeschadet überstehen.

Tipp: *Holzverpackungen sind relativ teuer. Als Alternative gibt es solche aus stabilem Karton mit einem Schock absorbierenden »Innenausbau«. Manche Kunsttransportfirmen stellen zudem Transportkisten auch leihweise zur Verfügung.*

Transportsicherung

Größere Objekte lassen sich oft nicht mehr in herkömmlichen Transportgebinden verpacken. Dennoch müssen Sie angemessen gesichert und geschützt werden, so dass sie beim Transport keinen Schaden nehmen. Viele Objekte lassen sich im Transportfahrzeug mit Gurten, Spannseilen etc. (Vorsicht mit scharfkantigen Spannmechanismen und Schnallen!) festzurren. Achten Sie darauf, die Objekte nicht übermäßig festzuzurren und geeignete, dicke Kantenschutzkartons oder Lagen von Polyethylenschaumfolie zu verwenden. Analog sind auch Objekte oder Transportgebinde auf Europaletten zu sichern. Bei umfangreicheren Beständen kann dies auch mit Hilfe von so genannten Umreifungsgeräten und Polyesterbändern erfolgen. Ziehen Sie Gurte und Bänder nicht zu stark an, um ein Beschädigen des Objekts zu vermeiden.

Tipp: *Verwenden Sie an Stelle von Bändern aus Polypropylen (PP) oder Polyethylen (PE) solche aus Polyester, da Letztere sich während eines Transports weniger dehnen und die Ladung besser in Position halten.*

Sorgen Sie auch bei diesen Objekten für einen angemessenen Witterungsschutz, wobei beim Fahrzeug ein geschlossener Kastenaufbau unbedingt einem Planenverdeck vorzuziehen ist. Verwenden Sie bei Möbeltransporten, falls die Möbel nicht selbst verpackt sind, *saubere*, wenn möglich neue Wolldecken zum Schutz der Oberflächen. Überlassen Sie den Transport schwerer und übergroßer Objekte wie Klaviere, Flügel, Maschinen, Statuen etc. spezialisierten Firmen, welche über entsprechendes Fachwissen und die notwendigen Hilfsmittel verfügen.

Zur Polsterung kleiner und mittelgroßer Objekte in Transportbehältern eigenen sich auch so genannte Transportkissen, welche aus lose mit Styroporkügelchen aus dem Möbel- oder Bastelbedarf gefüllten Trikotschläuchen aus dem Sanitätsbedarf bestehen. Die Objekte werden im Behälter auf eines der Kissen gelegt und mit einem weiteren zugedeckt bzw. seitlich gepolstert. Die Objekte »sinken« etwas im Kissen ein und gleichzeitig schmiegt sich das Kissen dem Objekt an und hindert es am Verrutschen.

Zwischenlagen

Als mechanisch schützende Zwischen- und Ausgleichsschicht zwischen einzelnen großen, flachen Objekten (z.B. verpackte Gemälde) haben sich so genannte Triwallplatten aus dreischichtiger, sehr fester, jedoch nicht säurefreier Wellpappe bewährt. Sie können die Funktion eines Bretts übernehmen, sind aber leichter und billiger. Triwallplatten sind in Größen bis 4 m Länge erhältlich und lassen sich mit der Plattenfräse oder einer Handkreissäge einfach zuschneiden.

Verpackungsmaterialien

Alle Materialien, welche mit Objekten mittel- oder längerfristig direkt in Kontakt kommen oder sich in deren unmittelbarer Nähe befinden, sollten den hohen Ansprüchen an museums- und archivtaugliches Material gerecht werden. Nutzen Sie geprüfte Verpackungsmaterialien an Stelle von minderwertigen Materialien:

- Verwenden Sie **säurefreies Papier bzw. Seidenpapier** an Stelle alter Zeitungen. Vermeiden Sie handelsübliche Kartonschachteln, da diese oft aus minderwertigem, stark säurehaltigem Karton bestehen. Bananenschachteln sind zudem oft mit Schädlingsbekämpfungsmitteln behandelt.
- Verwenden Sie Kunststofffolien und Stapelbehälter aus **Polyester, Polyethylenterephtalat (PET), Polyethylen (PE) oder Polypropylen (PP)** an Stelle von Polyvinylchlorid (PVC) oder billigen weichmacherhaltigen Kunststoffen.
- Verwenden Sie **Schichtholz- und Tischlerplatten** an Stelle von phenolhaltigen oder mit Kunstharz beschichteten Spanplatten; **Pappel- oder Buchenholz** an Stelle von stark gerbsäurehaltigem Eichenholz und vielen exotischen Hölzern sowie harzhaltigem Tannen- und Fichtenholz.
- Zum Einschlagen von Objekten eignen sich auch ohne Weichspüler gewaschene alte Bettlaken. Vermeiden Sie bunte Stoffe, von welchen Sie nicht wissen, ob sie nassecht (farbecht) sind. An Stelle wiederverwendeter Tücher eignen sich auch entschlichtete Baumwollstoffe wie Cretonne oder der sehr dichte Kambrik (Federbett-Gewebe).

Siehe auch → Kapitel *I.7 Materialien zur Verwendung im Umfeld von Kulturgut*

Verschließen der Verpackung

Verschließen Sie Verpackungen stets so, dass sie ohne Gefahr für das Objekt und möglichst ohne Hilfsmittel wie Scheren, Messer und Zangen wieder geöffnet werden können. Benutzen Sie wiederverwendbare Gurten oder Einweg-Polyesterbänder an Stelle von dünnen Schnüren und scharfkantigen Stahlbändern. Falls Sie Klebebänder verwenden, achten Sie darauf, dass diese nicht das Objekt berühren. Verwenden Sie nicht allzu stark klebende Bänder und bedenken Sie, dass starke Klebebänder unter Umständen beim Auspacken schwierig zu lösen sind. Verwenden Sie nur so viel Klebeband wie absolut notwendig ist, um die Verpackung zusammenzuhalten.

Tipp: *Legen Sie das Ende eines jeden aufgeklebten Klebebands ca. 2 cm um (Klebeseite gegen Klebeseite). Das abstehende Ende erleichtert die Arbeit beim Auspacken außerordentlich.*

Tipp: *Verwenden Sie kein durchsichtiges Klebeband, da dieses auf Luftpolsterfolie fast nicht auffindbar ist.*

Verwenden Sie keine Gummibänder, da diese mit der Zeit spröde oder klebrig werden und zudem der schwefelhaltige Gummi bei Berührung mit dem Objekt dieses schädigen kann.

Achten Sie darauf, Objekte nicht über längere Zeit vollständig luftdicht zu verpacken, außer Sie hätten einen Insektenbefall, den Sie dicht abschotten wollen. Die luftdichte Verpackung ist unseres Erachtens nur kurzfristig einzusetzen oder wenn sich das Mikroklima im Innern mit geeigneten Mitteln aufrechterhalten, kontrollieren und steuern lässt (z.B. mit einer genügenden Menge konditioniertem Silicagel). Dem steht gegenüber, dass eine mehrschichtige, dichte Verpackung durch ihre Trägheit eine bessere Pufferwirkung gegenüber Klimaschwankungen bietet. Vielfach werden daher z.B. Gemälde und gerahmte Grafiken mehrschichtig verpackt.

Umhüllen/Polstern

Umhüllen Sie möglichst jedes Objekt einzeln, um zu verhindern, dass eines der Objekte beim Auspacken übersehen und unter Umständen beschädigt wird oder sogar mit der Verpackung weggeworfen werden könnte.

Kennzeichnen

Beschriften Sie die verpackten Objekte bzw. die Transportgebinde und markieren Sie deutlich, wo oben ist. Vermerken Sie auch auf oder im Transportgebinde die Anzahl darin enthaltener Objekte bzw. Teile, damit Sie beim Auspacken den Bestand kontrollieren können. Es hat sich bewährt, an der Außenseite der Verpackung den Inhalt klar zu deklarieren und eventuell mit einem Foto zu versehen. Alternativ kann auch eine illustrierte Liste im Transportgebinde liegen oder den Transport begleiten. Spezielle Hinweise zum Auspacken und Handhaben der Objekte sollten wenn immer möglich beim Objekt oder zumindest bei den Begleitpapieren verbleiben.

Tipp: *Ein digital aufgenommenes und auf dem Packzettel ausgedrucktes Bildchen ist für die Identifikation der Objekte und bei Zollformalitäten sehr hilfreich.*

Tipp: *Vermerken sie auch, wie im Bedarfsfalle derjenige zu erreichen ist, der ein Objekt verpackt und bereitgestellt hat.*

Wenn größere Bestände für Ausstellungen ausgeliehen werden, lohnt es sich, bereits beim Einpacken zu berücksichtigen, wo und in welcher Reihenfolge die Objekte am Ausstellungsort benötigt bzw. ausgepackt werden. Es ist hilfreich, z.B. im gleichen Raum auszustellende Objekte nach Möglichkeit im selben Transportgebinde zu verpacken, um unnötige Verschiebungen von Einzelobjekten innerhalb der Ausstellung zu vermeiden.

Tipp: *Eine Beschriftung des Transportgebindes mit dem Zielstandort (Gebäude, Geschoss, Raum) hilft, dass das Gebinde nach dem Ausladen aus dem LKW direkt an den richtigen Standort gelangt.*

Auspacken
Verpackungen sind im Gegensatz zu Hüllen, Futteralen, Passepartouts, Lagergebinden und dergleichen lediglich temporäre Behelfe, die in der Regel nicht darauf angelegt sind, die Objekte dauerhaft zu umgeben. Entfernen Sie Verpackungen möglichst nach Gebrauch, v.a. aber dann, wenn die verwendeten Umhüllungsmaterialien nicht archivecht sind. Entfernen Sie ungeeignete Verpackungsmaterialien, Klebebänder sowie Luftpolsterfolien und Plastikverpackungen, um zu verhindern, dass sich zwischen Verpackung und Objekt ein ungünstiges Mikroklima bilden kann. Dies ist v.a. von Bedeutung, wenn die Klimaverhältnisse im Depot nicht optimal sind. Zudem können gewisse Luftpolster- oder Plastikfolien objektschädigende Gase oder Weichmacher abgeben.

Beim Auspacken unterliegt das Objekt dem größten Handhabungsrisiko. Vermeiden Sie möglichst die Verwendung von Messern, Scheren, Zangen etc. Arbeiten Sie stets so, als wüssten Sie nicht, welche Objekte Sie auspacken.

Kontrolle
Kontrollieren Sie Objekte unmittelbar nach dem Eingang und melden Sie eventuelle Schäden umgehend weiter.

Tipp: *Kontrollieren Sie das entfernte Verpackungsmaterial sorgfältig darauf, ob sich nicht noch weitere Objekte oder Objektteile darin befinden! Entsorgen Sie Verpackungsmaterial geordnet und erst nachdem feststeht, dass alle Objekte bzw. Objektteile vorhanden sind.*

Rechtliches
Je nach Vertrag hat lediglich der Leihgeber oder ein durch ihn beauftragter Konservator/Restaurator das Recht, ein Objekt zu handhaben. Dies bedeutet auch, dass nur er es auspacken bzw. auch wieder einpacken darf. Diese Abmachungen sind rechtlich verbindlich und im eigenen Interesse unbedingt einzuhalten.

Tipp: *Mitarbeiter anerkannter Museen und Kunsttransportfirmen sind in der Regel sehr gut ausgebildet in der sorgfältigen Handhabung von Objekten. Seien Sie daher zurückhaltend mit Forderungen nach (sehr teuren) persönlichen Objektbegleitungen durch Kuriere bis zum Zielort und wieder zurück. Dabei ist sicherlich unbestritten, dass derjenige, der das Objekt kennt und beim Verpacken dabei war, am besten weiß, wie dieses am Zielort auszupacken und zu behandeln ist.*

Siehe auch Kapitel → *I.7 Materialien zur Verwendung im Umfeld von Kulturgut*

→ 4 Verschieben und Transportieren von Objekten

Allgemein

Nebst dem Verpacken bzw. Auspacken eines Objekts ist dessen Transport diejenige Aktion mit dem größten Gefahrenpotenzial. Versuchen Sie daher, jeden Transport, sei er nun intern oder extern, sorgfältig zu planen und folgende Grundsätze zu berücksichtigen:

1. Legen Sie den genauen Zielort eines Objekts fest, *bevor* sie mit der Verschiebung bzw. mit dem Transport beginnen.
2. Stellen Sie sicher, dass der neue Standort bereit ist und keine Hindernisse den Weg dorthin versperren.
3. Verschieben Sie Objekte nie in Eile, sondern mit Bedacht.
4. Versuchen Sie, ein Objekt wenn irgendwie möglich nur einmal zu verschieben und nicht in mehreren Etappen.
5. Heben Sie die Objekte beim Transport an oder verwenden Sie geeignete Hilfsmittel wie z.B. einen Rollschemel oder Wagen. Vermeiden Sie auf jeden Fall, Objekte über den Boden zu ziehen bzw. zu stoßen, da diese oft nicht mehr stabil genug sind (auch nicht Möbel und Instrumente mit originalen Rollen!).
6. Stellen Sie sicher, dass Objekte beim Verschieben auf Rollschemel, Paletten oder Wagen korrekt festgezurrt sind.
7. Schauen Sie bei der Handhabung von Objekten in die Verschiebungsrichtung, damit Sie Gefahren und Hindernisse frühzeitig erkennen können.
8. Verschieben Sie nur ein Objekt auf einmal, es sei denn, Sie können mehrere Objekte sicher in einem geeigneten Transportbehälter unterbringen.
9. Kennzeichnen Sie an Objekten bzw. Transport- oder Lagergebinden, wo oben ist. Beharren Sie darauf, dass Objekte bzw. Gebinde in der vorgesehenen Weise (aufrecht) transportiert werden.

Externe Transporte

In den meisten Institutionen werden Transporte über längere Distanzen von Dritten durchgeführt. Bei wertvollen Objekten werden sie zuweilen sogar begleitet durch einen Kurier der Besitzerinstitution. Diese Sicherheitsmaßnahme ist aufwendig und verteuert den Leihverkehr stark. Die Standards beim Ein- und Auspacken in den Institutionen sowie bei vertrauenswürdigen, spezialisierten (Kunst-)Handling- und Transportfirmen sind zudem so hoch, dass das Kuriersystem sachlich in vielen Fällen nur noch schwer zu begründen ist.

Bedenken Sie daher diese Aspekte (und ihre finanziellen Folgen) bei der Ausleihe von Objekten ihrer Institution, wenn Sie die Begleitung durch Kuriere (meist Konservatoren/Restauratoren oder Kuratoren) von Leihnehmern fordern.

Sammeltransporte

Sammeltransporte eigener Objekte zusammen mit Kulturgütern anderer Besitzer haben einen schlechten Ruf. Dies ist unseres Erachtens unbegründet, wenn die Sammeltransporte im Vorfeld sorgfältig geplant, Objekte nicht unnötig umgeladen und die konservatorisch/restauratorischen Bedingungen sowie die Sicherheit der Objekte eingehalten werden. Es macht (auch ökologisch und damit auch im Sinne der Kulturgütererhaltung) keinen Sinn, dass gleichzeitig mehrere Institutionen Punkt-zu-Punkt-Fahrten durchführen, wenn bei vorheriger guter Organisation ein Zusammenlegen der Fahrten möglich gewesen wäre.

Fahrzeuge

Achten Sie darauf, dass Transportfirmen über adäquate Transportmittel verfügen. Sinnvoll sind Liefer- und Lastwagen mit festen, regendichten und im besten Fall isolierten Kastenaufbauten. Bereits eine helle Farbe des Kastenaufbaus trägt dazu bei, dass sich der Laderaum bei Sonneneinstrahlung nicht allzu sehr erwärmt. Bei heiklen Objekten und über längere Distanzen ist zudem eine Klimatisierung des Laderaums sinnvoll und im internationalen Kunsttransport Standard. Bestehen Sie darauf, dass beladene Fahrzeuge ohne klimatisierten Laderaum nicht über längere Zeit an der prallen Sonne stehen. Vermeiden Sie wenn immer möglich den Transport von Objekten in Lastwagen mit Planenverdecken, da diese eher reißen und bei Regen leck werden können und die Objekte unmittelbarer wechselnden Außenklimata ausgesetzt sind.

Tipp: *Wenn Sie bei einem sehr heiklen oder wertvollen Objekt eine genaue Dokumentierung des Transports wünschen, senden Sie ein entsprechendes Aufzeichnungsgerät (Datalogger) im Transportgebinde mit dem Objekt mit. Es sind Geräte auf dem Markt, welche Temperatur und relative Feuchte, z.T. auch Erschütterung und Beleuchtungsstärke aufzeichnen.*

Verantwortung

Besprechen Sie die Verpackung von Objekten mit der Transportfirma bzw. dem ausführenden Fahrer und überlassen Sie ihm die Platzierung und Sicherung des Ladeguts im Innern des Laderaums. Legen Sie im Transportvertrag schriftlich fest, an welchen Punkten jeweils die Verantwortung vom Museum an die Transportfirma und wieder an das Museum übergeht.

Tipp: *Sinnvoll ist es, wenn die Verantwortung bei der Übernahme des Objekts* vor *dem Fahrzeug an die Transportfirma übergeht bzw. unmittelbar nach dem Ausladen aus dem Fahrzeug wieder an das Museum bzw. an den Leihnehmer übergeht. Als Auftraggeber bzw. Vertreter des Besitzers hindert Sie jedoch nichts daran, die angemessene Sicherung der Ladung im Fahrzeug zu überprüfen.*

Regeln Sie die Haftungsfrage im Schadensfalle schriftlich im Voraus als integralen Bestandteil des Leihvertrags.

International

Im grenzüberschreitenden Verkehr sind verschiedenste Formalitäten zu erfüllen. In der Regel lohnt es sich, diese Aufgabe einem erfahrenen, mit den Abläufen vertrauten Spezialisten der Transportfirma zu überlassen. Achten Sie darauf, dass stets vollständige, wenn möglich mit einem Bild versehene Dokumente zu allen Objekten vorliegen, die eine schnelle Identifikation der Objekte ermöglichen.

Tipp: *Legen Sie eine Kopie der Transport- und Zolldokumente griffbereit bei Ihren Unterlagen ab, damit Sie bei (Zoll-)Problemen diese zur Hand haben und im Bedarfsfalle nochmals übermitteln können. Vermerken Sie auf den Papieren, wie die zuständigen Stellen bzw. die zuständigen Sachbearbeiter in Ihrer Institution zu erreichen sind (Telefon Geschäft, Telefon Privat, Fax, E-Mail). Geben Sie auch die entsprechenden Angaben der Empfängerinstitution an. Dies ermöglicht auch dem Fahrer die Kontaktaufnahme bei Verspätungen oder anderen Problemen.*

→ 5 Unterhaltsreinigung von Objekten

Allgemeines

Grundsatz

Reinigen Sie so wenig wie möglich und so viel als für den Erhalt des Objekts nötig ist. Führen Sie nur einfache Unterhaltsreinigungen wie z.B. Entstauben selber durch und lassen Sie konservatorisch notwendige Reinigungsarbeiten durch einen erfahrenen Konservator/Restaurator ausführen oder lassen Sie sich durch einen solchen beraten und genau instruieren. Im Zweifelsfalle sind unbedingt ausgewiesene Spezialisten beizuziehen.

Unterlassen Sie es, Staub wegzupusten, da Puste mit Speichel befrachtet ist, der Feuchtigkeit, Enzyme und Bakterien enthält und schädigend für das Objekt sein kann.

Vorbeugen

Verbessern Sie die Umgebungsbedingungen, damit die Entstaubung von Objekten möglichst selten erfolgen muss. Achten Sie darauf, dass Objekte in gereinigtem Zustand ins Depot gelangen und die Depoträume regelmäßig gereinigt werden. Vermeiden Sie unkontrollierte Öffnungen in der Bauhülle, lassen Sie Fenster und Türen nicht unnötig offen. Sorgen Sie für saubere Luftzufuhr, indem Sie bei mechanischen Lüftungs- und Klimaanlagen geeignete Luftfilter verwenden (nach Europäischer Norm EN 779 Filterklasse F8 oder F9). Versehen Sie die Objekte mit einem Staubschutz aus geeignetem Material, ohne sie jedoch hermetisch abzudecken, da sonst ein ungünstiges Mikroklima entstehen könnte (kein handelsüblicher Plastik).

Reinigen

Die Auswahl von geeigneten Methoden und Hilfsmitteln zur Reinigung eines Objekts hängt sehr von dessen Material bzw. Materialkombination, Aufbau und Zustand ab. Die Reinigung eines Objekts kann dieses nachhaltig positiv aber auch negativ beeinflussen. Führen Sie nur Arbeiten selbst aus, welche das Objekt weder mechanisch (z.B. durch Zerkratzen, Abschaben von Farbschollen etc.) noch chemisch in irgendeiner Form verändern und lassen Sie sich genau durch einen Konservator/Restaurator instruieren.

Tipp: *Achten Sie bei jeder Reinigung auch immer auf Spuren von Insektenbefall (Fraß, Kot, Larvenhüllen, Bohrmehl etc.). Entfernen Sie diese Spuren erst wenn Sie sicher sind, dass kein aktiver Befall besteht bzw. wenn der Schädling bestimmt ist. Reste von Insekten sollen jedoch nach der Identifikation des betreffenden Schädlings grundsätzlich immer entfernt werden, da nur dadurch ein Neubefall erkannt werden kann.*

Tipp: *Führen Sie ein Reinigungsprotokoll, in welchem Sie verzeichnen, welche Objektgruppen bzw. Depotbereiche wann gereinigt wurden. Dies ermöglicht unter Umständen den Zeitraum, in welchem ein Insektenbefall erfolgte, näher einzugrenzen.*

Reinigungsmittel

Verwenden Sie keine chemischen Substanzen wie Lösungsmittel, Lederpflegemittel, Möbelpolituren, Scheuer- und Poliermittel sowie andere »Hausmittel« ohne genaue Instruktion durch einen Konservator/Restaurator. Setzen Sie des Weiteren keine Werkzeuge und Hilfsmittel wie Bürsten, Dampfstrahler, Hochdruckreiniger, Scheuerlappen, Stahlwolle, Abziehklingen, Schleifgeräte etc. zur »Pflege« der Objekte ein. Der Versuch, Kulturgut mit untauglichen Mitteln zu reinigen, kann dazu führen, dass zusätzlicher Schaden entsteht und wertvolle Bearbeitungs- und Gebrauchsspuren getilgt werden. Beispielsweise kann ein Blutfleck in einem Textil Teil seiner Geschichte sein. In einem anderen Fall ist es jedoch sinnvoll, eine Verschmutzung zu entfernen.

Durch falsche Behandlung kann der Fleck jedoch verstärkt oder gar fixiert werden, wogegen er bei korrekter Behandlung ohne großen Aufwand zu entfernen gewesen wäre.

Wasser (das bekannteste Lösungsmittel) mit und ohne Waschzusatz kann falsch eingesetzt ein Objekt nachhaltig schädigen und verunstalten. Lassen Sie sich unbedingt von einem Konservator/Restaurator beraten, welche Objekte, die sich in gutem Zustand befinden (z.B. Geschirr, Tafelsilber, Ofenkeramik, unverziertes Hohlglas etc.), gewaschen werden können und wie dies am sinnvollsten zu bewerkstelligen ist. Waschen Sie die Objekte nur kurz (lassen Sie Objekte nicht längere Zeit einweichen), aber mit reichlich Wasser und trocknen Sie danach gründlich nach. Achten Sie darauf, das Wasser oft zu wechseln.

Objekte, die ganz oder teilweise aus organischen Materialien bestehen, sollten in der Regel nicht selbst gewaschen werden. Auch historische Textilien sind ausdrücklich nicht zu waschen, es sei denn, dies sei aus konservatorischen Gründen notwendig. Dann ist diese Arbeit unbedingt durch einen spezialisierten Konservator/Restaurator auszuführen.

Druckluft/Hochdruckreiniger/Dampfreiniger

Verwenden Sie keinen Hochdruckreiniger, Abdampfer, keine Dampfgeräte oder Druckluft für die Reinigung von Objekten, da diese Hilfsmittel in ihrer Anwendung oft zu wenig fein dosierbar sind. Zudem ist Druckluft aus handelsüblichen Kompressoren meistens ölhaltig, was in den meisten Fällen unerwünscht ist. Bei der Reinigung von Maschinen, Motoren und dergleichen können diese Methoden – wenn sie durch Fachpersonen richtig angewendet werden – jedoch angemessen sein.

Für die Entstaubung von feinmechanischen, elektronischen und optischen Geräten gibt es spezielle, ölfreie Druckluft aus der Spraydose, die im Foto- oder Elektronikfachhandel erhältlich ist.

Radierschwämme

Reinigungsfirmen verwenden zur trockenen Reinigung von Wänden, Tapeten etc. zum Teil so genannte Reinigungs-»radier«-schwämme. Diese Methode wurde nicht ursprünglich zur Reinigung von Kulturgütern entwickelt und kann falsch eingesetzt die Oberfläche durch Bereiben und eventuelle Rückstände beeinträchtigen. Der Einsatz und die korrekte Anwendung sollte daher unbedingt dem Konservator/Restaurator überlassen werden.

Entstauben allgemein
Beschränken Sie sich auf die Entfernung von losem Staub mit geeigneten Hilfsmitteln. Entfernen Sie Staub, indem Sie mit einem weichen Pinsel den Staub von innen nach außen bzw. vom Objekt weg abpinseln und ihn gleichzeitig mit einem Staubsauger, eingestellt auf *niedrigste* Saugkraftstufe in genügender Entfernung absaugen. Überlassen Sie Objekte mit losen Teilen, Partikeln, Farbschollen, Vergoldungen etc. zur Reinigung einem erfahrenen Konservator/Restaurator.

Tipp: *Handelsübliche Staubwischtücher sind oft mit einer staubbindenden Substanz (z.B. Paraffin) getränkt. Sie eignen sich hervorragend für die Bodenreinigung im Depot, hinterlassen jedoch auf der gereinigten Oberfläche feinste Spuren. Sie sollten daher* nicht *zur Entstaubung von Objekten eingesetzt werden. Verwenden Sie stattdessen weiche Pinsel, saubere, weiche Lappen oder unbehandelten, weichen Einwegvliesstoff, den Sie nach Gebrauch wegwerfen.*

Sach- und materialspezifische Reinigungsmethoden für den Objektunterhalt (Reihenfolge gemäß Inhaltsverzeichnis)

Werke aus Papier
Entstauben Sie lediglich intakte Objekte selber. Verwenden Sie dazu einen weichen Pinsel und pinseln Sie den Staub von innen nach außen ab. Überlassen Sie die Reinigung von brüchigen Papieren, Buchmalereien, Aquarellen, Autographen mit empfindlichen Tinten etc. ausgewiesenen Konservatoren/Restauratoren für Werke auf Papier. Versuchen sie keinesfalls, mit einem Radiergummi Flecken zu entfernen.

Fotografisches Material, Film, Digitaldrucke
Die Oberflächen dieser Objektgruppe sind sehr empfindlich und v.a. äußerst anfällig auf Staub, Kratzer und Fingerabdrücke. Loser Staub lässt sich mit ölfreier Druckluft wegblasen oder mit einem speziellen antistatischen Fototuch oder einem weichen Pinsel ohne zu drücken von innen nach außen wegwischen. Die weitergehende Reinigung, insbesondere von Fingerabdrücken und anderen Flecken, erfordert spezielle Kenntnisse, höchste Sorgfalt und die geeigneten Hilfsmittel. Überlassen Sie diese Arbeiten einem ausgewiesenen Konservator/Restaurator. Unterlassen Sie es, Staub wegzupusten, da Puste mit Feuchtigkeit, Enzymen und Bakterien befrachtet ist.

Bücher

Intakte Bücher können mit dem Staubsauger, versehen mit einer sauberen, weichen Polsterbürste und auf niedrigster Saugkraftstufe, am Deckel, Rücken und Schnitt sanft gereinigt werden. Unterlassen Sie es unbedingt, (Leder-) Bucheinbände mit Wasser oder mit »Pflegemitteln« zu behandeln. Die im Handel erhältlichen Produkte sind für historische Objekte meistens eher schädigend als hilfreich.

Gemälde/Skulpturen

Die empfindlichen Oberflächen von Gemälden und Skulpturen sollen grundsätzlich so selten wie nur möglich gereinigt werden. Untersuchen Sie Gemälde und ihre Rahmen sowie Skulpturen zuvor bei guten Lichtverhältnissen und eventuell im Streiflicht sowie mit Hilfe einer Lupe auf abblätternde Farbschollen, Vergoldungen, geplatzte Firnisse oder andere empfindliche Partien. Überlassen sie Objekte mit solchen akuten Problemen unbedingt dem Konservator/Restaurator zur Reinigung, um weitere Schäden zu vermeiden. Reinigen Sie nur vollständig intakte, nicht-pudernde oder abblätternde Malschichten und Vergoldungen unter Anleitung eines Konservators/Restaurators sorgfältig mit einem weichen Pinsel. Verwenden Sie keinesfalls irgendwelche feuchten Reinigungsmethoden sowie Pflege- oder Hausmittel zur Reinigung von Gemälden und Skulpturen. Obschon im Freien aufgestellte Skulpturen und Plastiken der Witterung ausgesetzt sind, sollten diese nur nach Rücksprache mit dem Konservator/Restaurator gereinigt werden.

Möbel

Entfernen Sie Staub mit einem weichen Pinsel oder weichen Lappen ohne Druck auszuüben und unter stetigem Absaugen, da lose Staubkörner sonst die Oberfläche zerkratzen könnten. Verwenden Sie keine handelsüblichen Möbelpolituren oder mit staubbindenden Mitteln vorbehandelten Wischtücher. Saugen Sie textile Oberflächen an Möbeln mit einer sauberen, weichen Polsterbürste und dem Staubsauger – auf niedrigster Saugkraftstufe eingestellt – ab. Bei fragilen Objekten erfolgt dies in gleicher Weise wie bei Textilien unter Zuhilfenahme eines Sauggitters (siehe unten). Reinigen Sie Spiegel lediglich auf der Vorderseite mit einem Mikrofasertuch. Vermeiden Sie konventionelle Glasreinigungsmittel, da diese den Rahmen (v.a. durch unsachgemäßes Aufsprayen) schädigen und Lösungsmittel in den Raum einbringen könnten. Überlassen Sie die Reinigung heikler oder defekter Oberflächen wie z.B. vergoldete Spiegelrahmen, Lack, Marquetterie/Intarsien, Stuckmarmor, Papiermaché etc. sowie weitergehende Maßnahmen dem Konservator/Restaurator.

Musikinstrumente

Wischen Sie die Instrumente lediglich mit einem weichen Pinsel oder einem sauberen, weichen Staublappen ab. Vermeiden Sie es, bemalte Oberflächen und empfindliche Mechanismen (z.B. bei Tasteninstrumenten) selber zu entstauben, um die oft empfindliche Malschicht bzw. andere heikle Teile nicht zu beschädigen. Verwenden Sie keinesfalls irgendwelche Scheuermittel, Polituren oder Auffrischmittel, da diese die Lackierung (und damit bei Streichinstrumenten unter Umständen auch den Ton) der Instrumente beeinträchtigen könnten. Dies trifft neben Holzinstrumenten jeder Art insbesondere auch auf Blechblasinstrumente zu, welche oft mit einem unsichtbaren Schutzlack überzogen sind.

Die Ventile von Blasinstrumenten sollten vor dem Einlagern nach Anweisung des Herstellers mit einem speziellen Ventilöl für Blechblasinstrumente (kein Nähmaschinenöl!) geölt werden.

Vermeiden Sie es, Orgelpfeifen selber zu reinigen, da Sie dadurch die fragile Stimmung beeinträchtigen könnten.

Textilien

Flache Textilien, Filze, Tapisserien, Vliese und Teppiche können sowohl flach liegend auf einer Tischfläche bzw. bei größeren Objekten auf dem sauberen Boden wie auch montiert an der Wand sorgfältig entstaubt werden. Verwenden Sie dazu ein Sauggitter, welches Sie einfach herstellen können, indem Sie Tüll straff über einen kleinen Holzrahmen (z.B. einen nicht mehr verwendeten kleinen Bilderrahmen) spannen. Dieses Gitter legen Sie flach aufs Objekt und saugen mit der Polsterbürste des Staubsaugers ohne zu drücken und mit niedrigster Saugkraft (!) durch das Gitter hindurch, um zu verhindern, dass das Textil selber angesogen wird.

Bedenken Sie, dass die Reinigung von Textilien, Knüpfteppichen, Vliesen etc., welche über das sorgfältige Entstauben hinausgeht, eine komplexe Aufgabe ist, welche in die Hände von ausgebildeten Fachkräften gehört. Die nicht sachgemäße Anwendung von Wasser und anderen Lösungsmitteln sowie von Waschzusätzen kann schnell zur Beeinträchtigung (Fixierung statt Lösung eines Flecks) oder gar zur Zerstörung des Objekts führen (Ausbluten von Farbe, Einlaufen, Verfilzen, Auflösen gewisser Komponenten etc.). Keinesfalls gehört ein historisches Objekt in die chemische Reinigung oder in die Waschmaschine, außer dies geschieht in Ausnahmefällen nach ausdrücklicher Anleitung durch einen Konservator/Restaurator. Lösungsmittel, welche in der chemischen Reinigung verwendet werden, haben ein höheres spezifisches Gewicht als Wasser. Dadurch werden Objekte sehr schwer und können bei der Behandlung reißen.

Naturkundliche Objekte

Die meisten Tierpräparate, v.a. aber die Felle von Säugetieren und das Federkleid von Vögeln, sind in nicht staubfreier Umgebung außerordentliche »Staubfänger«, zugleich aber auch sehr fragil. Entstauben Sie die Objekte unter Anleitung eines Konservators/Restaurators sowie unter Zuhilfenahme geeigneter Hilfsmittel wie Pinsel, (Mikro-)Staubsauger auf niedrigster Saugkraftstufe etc. Bedenken Sie auch, dass derartige Objekte durch Schädlingsbekämpfungsmittel (Biozide) kontaminiert sein könnten, was wiederum ein Gesundheitsrisiko darstellen könnte (siehe Kapitel → *II.6 Arbeitssicherheit im Umgang mit Kulturgut*)

Edelmetalle

Reinigen Sie silberne und vergoldete Objekte so selten wie möglich, da bei jeder Reinigung die Oberfläche minimalst abgerieben wird. Sorgen Sie stattdessen dafür, dass die Objekte nicht in aggressiver Luft, wo sie rasch oxidieren, aufbewahrt werden und z.B. in Silberschutztücher oder säurefreies Seidenpapier eingeschlagen bzw. in ihrem Futteral aufbewahrt werden.

Meistens genügt ein sanftes Abstauben mit einem weichen Pinsel oder mit einem weichen Lappen. Die meisten Tafelsilberobjekte und liturgischen Geräte wurden ursprünglich jeweils nach Gebrauch gewaschen. Falls dies notwendig werden sollte (z.B. bei liturgischem Gerät oder Zunftsilber, das noch in Gebrauch ist), waschen Sie derartige Objekte in lauwarmem Seifenwasser und spülen sie reichlich nach. Achten Sie darauf, dass Holz- und Horngriffe nicht nass werden und die Objekte unmittelbar nach dem Waschen *vollständig* getrocknet werden. Waschen Sie keine Objekte mit emaillierten Teilen (siehe unten, Abschnitt Email). Unterlassen Sie es, hartnäckigere Oxydationsschichten selber entfernen zu wollen.

Seien Sie äußerst zurückhaltend mit Silberpolituren und wenden Sie diese nur nach Rücksprache mit einem Konservator/Restaurator an. Verwenden Sie keine Silberpolituren, welche scheuernde Mittel wie z.B. Schlämmkreide enthalten, da diese die Silberoberfläche zerkratzen. Derartige Silberpolituren haben meistens ein milchig-trübes Aussehen. Handelsübliche Tauchbäder zur Reinigung von Silberbesteck sind äußerst aggressive Chemikalien und in dieser Form ebenfalls ungeeignet für Reinigungsarbeiten an historischen Objekten. Achten Sie darauf, dass Silberreinigungsmittel keinesfalls mit anderen Materialien (z.B. Holz bei einem Möbel oder Textil bei einer Pluvialschließe) in Berührung kommt, da dies zu irreversiblen Verfärbungen und Schädigungen führen kann.

Vermeiden Sie es, Objekte, welche mit einem Schutzlack überzogen sind, zu reinigen, da dies zu einer Ablösung des Lacks oder zu Korrosion unter der

Lackschicht führen kann, die eine vollständige Abnahme des Überzugs durch den Konservator/Restaurator erforderlich macht.

Eisen/Stahl

Begnügen Sie sich mit dem Abstauben von Gegenständen aus Eisen und Stahl. Unter dem Einfluss von Feuchte rosten diese Materialien rasch. Vermeiden Sie daher jeden Kontakt der Objekte mit Wasser und Feuchtigkeit. Wird versehentlich ein Objekt nass, ist es unverzüglich und vollständig zu trocknen. Blankes Eisen und Stahl bei Waffen und Werkzeugen wird oft leicht gefettet, um einen gewissen Korrosionsschutz zu erreichen. Diese Schutzschicht wird bei jeder Berührung bzw. bei jeder Reinigung beeinträchtigt. Erkundigen Sie sich bei einem Konservator/Restaurator nach geeigneten Reinigungsmethoden für Ihren spezifischen Bedarf.

Zinn

Reinigen Sie Zinngefäße, welche noch in Gebrauch sind (z.B. in kirchlichen Gottesdiensten), durch Ausspülen mit Wasser. Trocknen Sie die Objekte anschließend vollständig mit einem saugfähigen Tuch. Lassen Sie die Deckel zum vollständigen Austrocknen offen, um eine Schimmelbildung im Innern zu verhindern. Benutzen Sie keinesfalls verschimmelte Geräte. Die stumpfgraue Patina ist typisch für Zinn und sollte keinesfalls entfernt werden.

Münzen

Unterlassen Sie es auf jeden Fall, Münzen oder Medaillen selber zu reinigen, da dadurch der Wert der Objekte massiv beeinträchtigt werden könnte. Der so genannte Prägeglanz ist bei Münzen ein Qualitätskriterium, das durch Reinigung unwiederbringlich verloren geht. Überlassen Sie die Reinigung von Münzen und Medaillen erfahrenen Konservatoren/Restauratoren, welche dies mit speziellen, den jeweiligen Materialien angepassten Mitteln und Geräten bewerkstelligen können.

Die Reinigung und Konservierung von Fundmünzen aus Ausgrabungen erfordert ebenfalls breite konservatorisch-restauratorische Fachkenntnisse, wenn die oft unter einer Kruste liegenden Bild- und Wortinformationen geborgen werden soll. Durch unsachgemäßes Reinigen können diese ganz oder teilweise verloren gehen. Versuchen Sie keinesfalls, verpappte Münzen zu trennen.

Email

Ganz oder teilweise emaillierte Objekte (Grubenschmelz, Zellenschmelz, Maleremail und transluzide Emails) sind besonders delikat und sollten *nicht* selber gereinigt werden, da die Haftung der Glasmasse (Email) auf dem Untergrund (meist Kupfer oder Kupferlegierungen) oft nur minimal ist. Überlassen Sie diese Arbeit spezialisierten Konservatoren/Restauratoren für Goldschmiedekunst und Email.

Archäologische Objekte

Führen Sie die Reinigung archäologischer Objekte nur unter Anleitung eines Spezialisten und mit den entsprechenden Hilfsmitteln aus, da die Fragilität der Gegenstände besondere Vorsicht erfordert. Unterlassen Sie den Einsatz von Wasser und versuchen Sie keinesfalls, Korrosion auf Metall- und Glasobjekten selber zu entfernen.

Keramik/Porzellan/Glas

Entstauben Sie die Objekte mit einem weichen Pinsel und saugen Sie den Staub mit einem in etwas Distanz gehaltenen *schwachen* Staubsauger auf *niedrigster* Stufe ein. Vollständig erhaltenes glasiertes Porzellan, Steingut und Keramik sowie unbemaltes Hohlglas können mit Sorgfalt kurz gewaschen werden und danach vollständig mit einem saugstarken, nicht fusselnden Tuch getrocknet werden. Achten Sie dabei darauf, die Oberfläche nicht zu zerkratzen. Besondere Vorsicht ist geboten bei Geschirr und bei Figuren mit fragiler Aufglasurmalerei (ohne Deckglasur) oder Vergoldungen. Überlassen Sie die Reinigung von unglasiertem Porzellan (sog. Biskuitporzellan, z.B. auch bei Puppenköpfen und -extremitäten) und unglasiertem Ton einem Konservator/Restaurator, da durch unsachgemäße Reinigung der Schmutz nur noch tiefer in die Poren eindringt.

In ethnographischen Sammlungen finden sich in seltenen Fällen auch ungebrannte Tonobjekte, welche zur Reinigung (wie auch zur Handhabung) unbedingt in die Hand eines Konservators/Restaurators gehören. Unter den Gläsern sind dünnwandige Gläser sowie Stielgläser und solche mit aufgeschmolzenen Verzierungen (Noppen, Faden etc.) besonders anfällig für mechanische Beschädigungen. Behandeln Sie diese deshalb mit besonderer Sorgfalt. Überlassen Sie die Reinigung bemalter und vergoldeter Gläser dem Konservator/Restaurator.

Tipp: *Waschen Sie ein Objekt nach dem anderen und stellen Sie nicht mehrere Objekte in ein Abwaschbecken.*

Glasmalerei

Beschränken Sie sich bei Glasmalerei auf das sorgfältige trockene Entstauben. Versuchen Sie keinesfalls, Verbräunungen, Trübungen und Verschmutzungen auf der Glasoberfläche oder Korrosionsprodukte auf der Verbleiung selber zu entfernen.

Technisches Kulturgut

Lagern Sie technisches Kulturgut in gereinigtem Zustand ein, damit Staub, Schmutz und Fett nicht die Objekte beeinträchtigen bzw. einen Nährboden für Schädlinge abgeben können. Sind noch Überreste aus dem Nutzungsprozess vorhanden, ist abzuwägen zwischen deren Bedeutung als Gebrauchsspur (z.B. unverarbeiteter Flachs auf einem Spinnrad) und der Gefahr, einen Nährboden für Schädlinge (Strohballen in einer landwirtschaftlichen Ballenpresse) bzw. eine Gefahr für den Besucher zu bilden (z.B. giftige Rückstände). Falls Objekte und deren Oberfläche bereits korrodiert oder anderweitig in schlechtem Zustand sind, überlassen Sie die Reinigung einem erfahrenen Konservator/Restaurator.

Versuchen Sie, wenn immer möglich, trocken zu entstauben und zu reinigen. Lassen Sie sich von einem Konservator/Restaurator beraten, welche weitergehenden Maßnahmen Sie treffen können, um Objekte gründlicher zu reinigen und vor Korrosion zu schützen, ohne jedoch das ursprüngliche Aussehen und die Funktion zu entstellen. Das Neubemalen oder -spritzen von technischem Kulturgut wird heute nicht mehr als konservatorischer Eingriff erachtet.

Seien Sie zurückhaltend mit dem Einsatz von Wasser zur Reinigung. Verwenden Sie keinesfalls Wasser zur Reinigung von korrosionsanfälligen oder bereits korrodierten Oberflächen, wie sie bei Waffen, Werkzeugen und Maschinen aus Eisen und Stahl oft vorkommen. Kommt in Absprache mit dem Konservator/Restaurator in gewissen Fällen Wasser zum Einsatz, ist unbedingt darauf zu achten, das Objekt danach möglichst rasch und vollständig wieder zu trocknen.

Bei kleineren Objekten, optischen und elektronischen Geräten und elektronischen Bauteilen ist das sorgfältige Wegblasen von Staub mit einem kleinen Pipetiergummiball oder mit ölfreier Druckluft (im Foto- und EDV-Fachhandel erhältlich) dem direkten Absaugen vorzuziehen, da auf diese Weise keine losen Kleinteile eingesaugt werden können. Versuchen Sie keinesfalls, Objekte durch Anhauchen und anschließendes Reiben mit einem Lappen zu reinigen und zu polieren, da die Atemfeuchte bzw. der Speichel Feuchtigkeit, Enzyme und Bakterien enthält, welche die Objekte schädigen können.

Moderne Materialien

Kunststoffe laden sich gerne statisch auf und ziehen Staub an. Achten Sie daher darauf, dass derartige Objekte möglichst staubfrei gelagert werden können. Ist eine Entstaubung dennoch notwendig, so tun Sie dies mit einem weichen Pinsel oder Lappen und saugen Sie den Staub dabei ab. Verwenden Sie keine Reinigungs- und Lösungsmittel, da diese die Oberflächen beeinträchtigen könnten. Fühlt sich die Kunststoffoberfläche klebrig an, ist der Zerfall oft bereits fortgeschritten und ein Reinigungserfolg fraglich. Ziehen Sie in diesem Fall unbedingt einen Konservator/Restaurator bei, um weiteren Schaden zu vermeiden.

→ 6 Arbeitssicherheit im Umgang mit Kulturgut (Safety)

Allgemein

Der Arbeitssicherheit in Museen und Archiven wurde bislang nur wenig Beachtung geschenkt. Mit zunehmender Kenntnis möglicher Gefahren in Museen und in Kulturgüterdepots sind Museumsmitarbeiter in jüngster Zeit auch zunehmend risikobewusst. Durch einfache Vorkehrungen und Verhaltensregeln können viele potenzielle Gefahren verringert oder sogar ausgeschlossen werden. Wie jeder Gewerbebetrieb sollte auch jedes Museum sich intensiv mit den Aspekten der Mitarbeitersicherheit auseinandersetzen.

Notfallplan

Orientierung

Überlegen Sie sich an jedem Arbeitsort, wo und wie Sie das Gebäude im Notfall sicher verlassen können.

Licht

Machen Sie es sich zur Gewohnheit, bei der Arbeit in fensterlosen oder schlecht beleuchteten Räumen eine kleine Taschenlampe bei sich zu tragen, damit Sie sich bei Stromausfall orientieren können (z.B. LED-Leuchte am Schlüsselbund).

Mobiltelefon

Ein Mobiltelefon kann zusätzliche Sicherheit geben. Bedenken Sie jedoch, dass Mobiltelefone in gewissen Beton- und Stahlgebäuden bzw. in Untergeschossen und Aufzügen nicht oder nur schlecht funktionieren.

Notausgang

Sorgen Sie dafür, dass die Notausgänge deutlich gekennzeichnet und nicht verstellt sind. Fluchtwege sind zumindest mit nachleuchtenden Markierungen, besser jedoch mit Hinweisleuchten zu versehen.

Erste Hilfe

An jeden Arbeitsort gehört ein vollständig ausgerüsteter Erste-Hilfe-Koffer. Überprüfen Sie dessen Vollständigkeit mindestens jährlich.

Information

Teilen Sie Arbeitskollegen oder Angehörigen mit, wenn Sie in selten genutzten oder abgelegenen Räumen (z.B. in einem Außendepot) arbeiten und wann Sie wieder zurück bzw. zu Hause zu sein gedenken. Vereinbaren Sie im Voraus, wie Ihre Kollegen reagieren sollen, wenn Ihre Rückkehr überfällig ist. Vergessen Sie nicht, sich nach abgeschlossener Arbeit zurückzumelden.

Telefonliste

Erstellen Sie eine Telefonliste mit internen Nummern sowie wichtigen Notfallnummern (Arzt, Rettung, Krankenhaus, Feuerwehr, Polizei etc.). Überprüfen Sie diese mindestens jährlich auf ihre Gültigkeit. Legen Sie zu jedem Telefon einen »Spickzettel« mit den Angaben, was im Notfall zu tun ist (siehe unten).

Alarmmeldungen

Gehen Sie grundsätzlich jeder Alarmmeldung auf den Grund, selbst wenn aus Erfahrung bekannt ist, dass es sich in den meisten Fällen um Fehlalarme handelt.

Alarmierung im Notfall

Alarmieren

Bewahren Sie im Ereignisfall Ruhe. Nutzen Sie den »Spickzettel« mit den Angaben, was im Notfall zu tun ist, und welcher bei jedem Telefon bereitliegen sollte:

1. Wer ruft an? *Name, Institution*
2. Wo ist etwas passiert? *Genaue Adresse*
3. Wann ist etwas passiert? *Zeitpunkt*
4. Was ist passiert? *Genaue Beschreibung des Ereignisses*
5. Sind Menschen verletzt oder in akuter Gefahr? *Art der Verletzung/Gefahr, Anzahl Betroffener*
6. Sind besondere Maßnahmen zu treffen?

Alarmhilfsmittel

Verwenden Sie gegebenenfalls eine Alarmeinrichtung (so genannte Tot-Mann-Anlage), welche reagiert, wenn das Gerät statt in der üblichen Vertikallage über eine bestimmte Zeitdauer in Horizontallage liegt. Achten Sie darauf, dass das Gerät nicht in die waagrechte Alarmposition gerät, wenn Sie zur Toilette gehen.

Aufzüge
Erkundigen Sie sich, ob und wie in Aufzügen die Möglichkeit zur externen Alarmierung besteht. Benutzen Sie Lifte nicht außerhalb der ordentlichen Arbeitszeiten, wenn sich sonst niemand mehr im Hause aufhält.

Kleidung und persönliche Ausrüstung

Kleidung
Tragen Sie saubere Arbeitskleidung ohne abstehende Knöpfe, Reißverschlüsse und Gurtschnallen, mit welchen Sie hängen bleiben oder die ein Objekt beschädigen könnten. Ziehen Sie Schmuck wie Armbanduhr, Zierfingerringe, Broschen, Halsketten und lose Halstücher während der Arbeit mit Objekten und Hilfsmitteln ab. Ziehen Sie robustes Schuhwerk an, in welchem Sie guten Halt haben und benutzen Sie Schuhe mit Stahlkappen, wenn Sie schwere Objekte oder Objekte auf Europaletten handhaben.

Tragen Sie bei der Handhabung von Objekten Überkleider bzw. wechseln Sie die Arbeitskleidung nach Arbeitsschluss (insbesondere beim Umgang mit Objekten, welche mit Schädlingsbekämpfungsmitteln [z.B. DDT, Lindan etc.] behandelt sein könnten).

Tipp: *Machen Sie es sich zur Gewohnheit, in Depots stets eine Taschenlampe bei sich zu tragen, um sich im Falle eines Stromausfalles orientieren zu können.*

Persönliche Arbeitshygiene

Sauberkeit
Berühren Sie Objekte möglichst nicht mit bloßen Händen und benutzen Sie je nach Objekt Handschuhe aus Baumwolle, Vinyl, Nitril oder Latex. Dies schützt einerseits Sie selbst vor einer möglichen Kontamination, andererseits schützt es die Objekte vor aggressiven Hautausdünstungen.

Gewöhnen Sie sich an, trotz Arbeits- und Schutzkleidung immer nach der Arbeit mit staubigen, schmutzigen und potenziell kontaminierten Objekten bzw. nach der Arbeit mit giftigen Substanzen die Hände zu waschen, die Kleider zu wechseln und zu duschen. Vermeiden Sie, sich während des Arbeitens mit den Händen ins Gesicht zu greifen oder gar die Augen zu berühren.

Feinstaubmasken, Staubsauger
Benutzen Sie bei staubigen Objekten und Räumen sowie bei Verdacht auf Schimmelbefall unbedingt geeignete Feinstaubmasken der Kategorie FFP3 nach Europäischer Norm EN 149 und verwenden Sie Staubsauger mit geeig-

neten Abluftfiltern (z.B. so genannte HEPA-Filter [High Efficiency Particulate Air]). Entsorgen Sie Staubsäcke und Filter jeweils unmittelbar nach der Anwendung. Kennzeichnen Sie gut sichtbar Staubsauger, welche zur Reinigung von durch Schimmel, Chemikalien, Schädlingsbekämpfungsmittel etc. verunreinigten Objekten benutzt werden. Und vermeiden Sie es im Interesse Ihrer Gesundheit, für die Objektreinigung und für die Gebäudeunterhaltsreinigung denselben Staubsauger zu verwenden.

Schimmel

Schimmelbefall an Objekten und Einrichtungen ist in den meisten Depots ein ernst zu nehmendes Problem. Z.T. schwerwiegende, schwierig zu behandelnde Krankheiten können sowohl durch lebende wie auch durch abgetötete Schimmelsporen und ihre Abbauprodukte hervorgerufen werden.

Tragen Sie Arbeits-/Schutzkleidung, die Sie nach Gebrauch bei 90° C waschen oder wegwerfen (z.B. Einweganzüge aus Tyvec). Benutzen Sie unbedingt Einweghandschuhe und eine geeignete Feinstaubmaske der Kategorie FFP3 nach Europäischer Norm EN 149. Weitergehende Behandlung von verschimmelten Objekten (insbesondere mit Chemikalien) sollten Sie Spezialisten überlassen. Führen Sie die Reinigungsarbeiten unter einer nach draußen führenden Absauganlage, im Freien oder in einem sehr gut belüfteten Raum aus, der sich anschließend sehr gut reinigen und allenfalls desinfizieren lässt (WC, Sanitäranlagen etc.). Entfernen Sie Schimmel mit einem Staubsauger, den Sie nur zu diesem Zweck verwenden und der mit einem Feinstaubfilter (HEPA-Filter) versehen ist. Reinigen Sie nach jedem Objekt die Schutzhandschuhe durch Waschen oder Behandeln mit einem Desinfektionsmittel. Desinfizieren Sie nach getaner Arbeit auch alle Geräte und Hilfsmittel.

Unterlassen Sie es, in Räumen mit akutem Schimmelbefall bzw. in Räumen, in denen sich kontaminierte Objekte befinden, zu essen und zu trinken.

Siehe auch Kapitel → *I.5 Umgang mit Schädlingen*

Chemikalien

Allgemein

Vermeiden Sie es möglichst, Chemikalien und Lösungsmittel in Depotnähe aufzubewahren oder zu verwenden. Setzen Sie sich mit den Eigenschaften derjenigen Chemikalien und Lösungsmittel auseinander, welche in ihrem Depot vorhanden sind (z.B. Formalin und Alkohol bei Feuchtpräparaten): Welche Vorsichtsmaßnahmen sind zu treffen? Wie erkenne ich einen Schaden (z.B. Geruch)? Welche Maßnahmen sind im Schadensfall zu treffen (z.B. sofort Raum verlassen, Gasmaske anziehen, Lüften etc.)? Wo erhalte ich Hilfe? Halten Sie eine geeignete Gasmaske griffbereit, um im Schadensfalle angemessen reagieren zu können.

Tipp: *Sorgen Sie vor, dass im Depot stets ein genügend großer Vorrat an saugfähigen Einwegtüchern und ein nicht brennbarer Abfalleimer mit Deckel bereitsteht, um im Schadensfalle reagieren zu können.*

Gift

Denken Sie daran, dass viele Objekte aus organischen Materialien wie z.B. tierische und pflanzliche Fasern, Holz etc. anfällig für biologischen Befall sind und daher in der Vergangenheit mit chemischen Schädlingsbekämpfungsmitteln wie DDT oder Lindan behandelt worden sein könnten. Viele Objekte wie z.B. Tierpräparate oder Lebensmittel wie Gebäck müssen, damit sie überhaupt haltbar sind, präpariert werden, wozu mehr oder weniger giftige Substanzen eingesetzt wurden und z.T. noch immer werden.

Auch Objekte an sich können aus giftigen Materialien bestehen oder derartige Bestandteile enthalten. Denken Sie z.B. an gewisse Mineralien, an alte Apothekerutensilien oder Objekte aus Blei. In ethnologischen Sammlungen finden sich zudem immer wieder (wenn auch relativ selten) Objekte, welche aus kultischen oder kriegerischen Gründen vergiftet sind. Informieren Sie sich vor der Bearbeitung ethnologischer Bestände, ob derartige Objekte darunter bzw. zu erwarten sind.

Viele Eisenteile wurden früher, um Rostbildung zu verhindern, mit den verschiedensten Mitteln behandelt, die ihrerseits z.T. gesundheitsgefährdend sind.

Klären Sie gegebenenfalls ab, wie lange Sie sich in einem kontaminierten Raum aufhalten dürfen und verwenden Sie bei Bedarf eine Gasmaske geeigneten Typs. Vermeiden Sie es, unnötig Staub aufzuwirbeln (z.B. durch Wischen mit einem Besen). Verwenden Sie stattdessen einen Staubsauger mit HEPA-Filter.

Tipp: *Als giftig oder kontaminiert bekannte Objekte sollten separat und unter Verschluss gelagert und deutlich sichtbar gekennzeichnet werden. Informieren Sie alle Mitarbeiter, welche Zutritt zum betreffenden Depot haben, über die bestehenden Gefahren.*

Tipp: *Nach einem Wasserschaden, der kontaminierte Objekte betraf, sind auch alle anderen Objekte, welche »flussabwärts« im Wasser standen, als kontaminiert zu betrachten und die Objekte bis zur Feststellung ihrer Unbedenklichkeit entspre-*

chend zu handhaben.

Schädlingsbekämpfungsmittel

Verwenden Sie zur Schädlingsbekämpfung und in der Konservierung grundsätzlich keine Ihnen unbekannten Chemikalien oder Produkte. Erfahrungsgemäß finden sich aber in vielen Museen und Konservierungsateliers noch immer Restbestände von bedenklichen, heute z.T. längst nicht mehr zugelassenen Chemikalien, welche bereits vor längerer Zeit wegen ihrer Giftigkeit aus dem Verkehr gezogen wurden. Entsorgen Sie derartige Altbestände sachgerecht bei der entsprechenden offiziellen Giftsammelstelle.

Überlassen Sie die Schädlingsbekämpfung Fachpersonen mit Museumserfahrung, welche mit den aktuellen chemischen und physikalischen Methoden und den dabei verwendeten Geräten und Substanzen vertraut sind oder lassen Sie sich genau instruieren. Falls Sie dennoch mit Giftstoffen arbeiten müssen, befolgen Sie die Gebrauchsanweisung, besorgen Sie sich das Sicherheitsdatenblatt zum entsprechenden Produkt bzw. zur entsprechenden Substanz und befolgen Sie die empfohlenen Vorsichtsmaßnahmen. Verschiedene Listen mit Angaben zu Eigenschaften und Giftigkeit von Substanzen sind im Internet zu finden.

Tipp: *Beachten Sie, dass kontaminierte Einrichtungsteile bei Umbauten nicht wiederverwendet oder zu anderweitiger Verwendung aufgehoben werden dürfen. Entsorgen Sie derartiges Material ordnungsgemäß als Sondermüll.*

Brandproblematik

Risikoarbeiten

Die meisten Brände in Museen, Kirchen, Bibliotheken und Archiven werden durch Unvorsichtigkeit bei Bau- und Renovierungsarbeiten durch Dritte ausgelöst. Sorgen Sie dafür, dass Arbeiten mit hohem Brandrisiko wie Schweißen, Löten, Schleifen oder Arbeiten mit feuergefährlichen Substanzen (z.B. lösungsmittelhaltige Lacke und Leime) nicht in der Nähe von brennbarem Material oder Objekten, sondern in dazu geeigneten Räumen bzw. unter Einhaltung entsprechender Vorsichtsmaßnahmen (Sicherheitsabstände, Feuerlöscher etc.) ausgeführt werden. Überwachen Sie diesbezüglich insbesondere das Verhalten von Handwerkern bei Renovierungen und Umbauten und kontrollieren Sie regelmäßig die Arbeitsorte hinsichtlich der Einhaltung der Sicherheitsbestimmungen. In einigen Ländern müssen Handwerker, welche mit offener Flamme arbeiten, über eine spezielle Ausbildung und/oder Bewilligung verfügen. Mobile Geräte zur Baustellenbeheizung sind ausschließlich unter Aufsicht zu betreiben und müssen bei Arbeitsschluss ausgeschaltet sein.

Tipp: *Veranlassen Sie, dass Arbeiten mit offener Flamme nur bis maximal 3 Stunden vor Arbeitsschluss durchgeführt werden dürfen und organisieren Sie regelmäßige Kontrollgänge.*

Räume in Museen, Archiven, Sammlungen und Depots müssen mit geeigneten Hilfsmitteln zur Brandbekämpfung ausgestattet sein. Sorgen Sie dafür, dass mindestens auf jedem Stockwerk funktionstüchtige Hilfsmittel wie Feuerlöscher, Löschdecken, Haushydranten etc. schnell erreichbar sind und dass das Personal regelmäßig in ihrer Anwendung geschult wird. Stellen Sie sicher, dass technische Hilfsmittel regelmäßig gewartet werden.

Feuergefährliche Substanzen

Lagern Sie keine feuergefährlichen Substanzen in der Nähe von Objekten und treffen Sie die notwendigen Vorsichtsmaßnahmen bei feuergefährlichen Objekten wie z.B. in Alkohol aufbewahrten Tierpräparaten oder Objekten aus Cellulosenitrat (z.B. alte Filme, Schmuckstücke oder Schmuckkämme zum Hochstecken der Haare). Entsorgen Sie nicht mehr brauchbares Verpackungsmaterial (nicht aber Originalverpackungen von Objekten!) und Bauabfälle umgehend. Die Lagerung von Munition ist in einem Kulturgüterdepot grundsätzlich nicht erlaubt!

Tipp: *Beim Reinigen ausgelaufener Flüssigkeiten (z.B. Lösungsmittel) ist zu bedenken, Lappen, Löschpapier etc. unmittelbar nach getaner Arbeit zu entsorgen, da derartige Abfälle sich unter Umständen selbst entzünden können.*

Umgang mit technischen Hilfsmitteln

Überprüfen

Überprüfen Sie vor der Inbetriebnahme von Lagereinrichtungen, ob die Einrichtungen ordnungsgemäß aufgebaut wurden (Standfestigkeit? Wurde die notwendige Anzahl [Schraub-]Verbindungen, Streben und Zugstangen verwendet? Sind alle erforderlichen Sicherungssplinte eingesetzt?). Entspricht die Nutzlast dem einzulagernden Gut?

Nutzlast

Achten Sie darauf, dass die vorgesehene Nutzlast von Regalen und Hilfsmitteln nicht überschritten wird. Kennzeichnen Sie schwere Güter gut sichtbar mit einer Gewichtsangabe. Objekte über 10 kg sollen zudem nicht durch eine Einzelperson bzw. ohne geeignete Hilfsmittel gehandhabt werden.

Hilfsmittel

Verwenden Sie keine improvisierten Hilfsmittel wie Stühle, Lattenkisten etc. und besteigen Sie keinesfalls Lagereinrichtungen wie Fixregale und Rollregale, sondern benutzen Sie geprüfte Hilfsmittel wie Leitern, Tritte, Hebebühnen etc.

Tipp: *Rollregalanlagen haben die Tendenz, sich bereits bei geringstem Gefälle der Schienen selber in Bewegung zu setzen. Legen Sie einen Sperrbalken zwischen die beiden Wagen, um ein Zusammenschieben derselben zu verhindern.*

Schulung/Berechtigung

Verwenden Sie Hilfsmittel wie Gabelstapler, Hebetische und Krananlagen nur, wenn Sie dazu die Berechtigung haben und in deren korrekter Bedienung geschult sind. Für Gabelstapler ist in der Regel ein spezieller Fahrausweis notwendig.

In allen Bereichen gilt, dass bedächtiges, konzentriertes Arbeiten der beste Weg zur Unfallverhütung ist. Überlegen Sie sich im Voraus, wie etwas ausgeführt werden soll, und besorgen Sie sich die entsprechenden Hilfsmittel.

Tipp: *Setzen Sie in Ihrer Institution klare Standards für den Umgang mit technischen Geräten und Einrichtungen. Informieren Sie alle Mitarbeiter (auch temporär eingestellte oder Teilzeitmitarbeiter) über die einschlägigen gesetzlichen Vorschriften und die entsprechenden Sicherheitsvorschriften der Hersteller. Stellen Sie klare Regelungen auf, wer sicherheitsrelevante Arbeiten ausführen oder überprüfen darf.*

→ 7 Kulturgüterschutz

Kulturgüterschutz als gesellschaftliche Aufgabe

Kulturgüter vermitteln als materielle Zeugnisse verschiedenster Kulturen einen lebendigen Einblick in die Vergangenheit. Für die Gesellschaft ist es von besonderer Bedeutung, die Kulturgüter im Hinblick auf die eigene Identität zu bewahren und zum besseren Verständnis von Geschichte, Gegenwart und Zukunft an kommende Generationen weiterzugeben. War der Kulturgüterschutz ursprünglich vor allem als Instrument zur Verhinderung von Verlusten von Kulturgut bei kriegerischen Ereignissen sowie als Prävention in Friedenszeiten gedacht, so wurden seine Aufgaben in den vergangenen Jahrzehnten insofern erweitert, als heute vermehrt auch die Verhinderung und Behebung von Schäden und Verlusten durch Naturgewalten und durch von Menschen verursachte Unglücksfälle im Zentrum der Aktivitäten stehen. Der Kulturgüterschutz trägt dabei auf seine Weise mit seinen Mitteln zur Sensibilisierung der Bevölkerung für die Erhaltung der materiellen Zeugen kultureller Leistungen bei.

Grundlagen

Haager Konvention

Unter dem Einfluss der Schäden, die während des Zweiten Weltkrieges auch zahlreiche Kulturgüter betrafen, wurde am 14. Mai 1954 in Den Haag das so genannte Haager Abkommen zum Schutz von Kulturgut bei bewaffneten Konflikten mit dem so genannten »Ersten Zusatzprotokoll« verabschiedet. Mit dem Beitritt zum »Haager Abkommen« verpflichteten sich die Vertragsstaaten, für den Schutz des Kulturguts im eigenen Land zu sorgen und Kulturgut auf dem Hoheitsgebiet anderer Vertragspartner zu respektieren.

Die Haager Konvention von 1954 wurde bislang von 103, das Zusatzprotokoll von 85 Staaten ratifiziert. 1999 wurde die ursprüngliche Konvention durch ein Zweites Protokoll den heutigen Gegebenheiten angepasst und von 46 Staaten unterzeichnet. Es wurde jedoch bislang (2002) lediglich von 15 Staaten ratifiziert.

Gesetzgebung

Die einzelnen Staaten und Länder regeln den Schutz ihres Kulturguts vor Zerstörung individuell in entsprechenden Gesetzen, Verordnungen und Erlassen. Damit ist die Absicht verbunden, Kulturgut umfassend als Teil unserer Kultur zu schützen und der Nachwelt zu erhalten.

Als einzige größere, nicht-staatliche Organisation hat die katholische Kirche innerkirchlich verbindliche Richtlinien zum Schutze des kirchlichen Kulturguts erlassen.

Organisationen

Der praktische Kulturgüterschutz ist in der Regel lokal und regional organisiert, um als effizientes Instrument bei Bedarf schnell vor Ort zur Verfügung zu stehen. Die Bestrebungen werden auf nationaler Ebene durch staatliche Organisationen koordiniert. Dabei besteht eine enge Zusammenarbeit mit den zivilen Krisenstäben und Rettungsdiensten sowie mit Konservatoren/Restauratoren, Museen, Archiven, Bibliotheken und deren nationalen und internationalen Verbänden. Auf internationaler Ebene ist unter der Bezeichnung »Blue Shield« eine Koordination im Aufbau.

Kontakt
Setzen Sie sich mit lokalen und regionalen Behörden und Verwaltungen in Verbindung, um zu erfahren, wie der Kulturgüterschutz im Falle Ihrer Institution organisiert ist und wie eine Zusammenarbeit mit Behörden, zivilen Rettungsdiensten, anderen Museen, Archiven und Bibliotheken möglich ist. Im Ereignisfalle bereits bestehende Kontakte zwischen betroffenen Institutionen und Hilfe leistenden Organisationen sind außerordentlich hilfreich.

Ansprechpartner für die Schweiz: Bundesamt für Bevölkerungsschutz, Kulturgüterschutz, Monbijoustraße 51a, 3003 Bern.

III. Teil – Handhabung und Lagerung spezifischer Objektgruppen

→ 1 Werke aus Papier, Bücher, Archivalien, Werke aus Pergament

Definition

Die Spanne der in Museen, Sammlungen und Archiven zu findenden Objekte aus Papier reicht von Aquarellen, Zeichnungen und Pastellen über Drucke, Archivalien, Karten und Plänen bis zu Büchern und Verpackungen. Daneben findet sich Papier in Verbindung mit anderen Materialien in einer Vielzahl von Objekten.

Pergamente gehören grundsätzlich nicht zu den papierartigen Materialien, wurden jedoch in früheren Jahrhunderten oft zur Herstellung von Schriftstücken verwendet. Sie werden in diesem Kapitel abgehandelt, da sie oft in Zusammenhang mit anderen Archivalien aufbewahrt werden.

Fotografien und digitale Drucke weisen als Trägermaterial oft Papier auf. Ihre spezifische Handhabung ist jedoch im Kapitel → *III.2 Fotografisches Material, Film, Digitaldrucke* beschrieben.

Eigenschaften

Papier besteht aus einer dünn ausgetragenen Schicht von verfilzten pflanzlichen Fasern (Cellulose), welche mit den unterschiedlichsten chemischen, thermischen und physikalischen Verfahren weiterverarbeitet und veredelt werden kann. Karton besteht aus ähnlichen Grundstoffen, ist jedoch dicker als Papier und in der Regel aus Grundstoffen geringerer Qualität hergestellt.

Je nach Qualität des Ausgangsstoffes reagiert Papier mehr oder weniger empfindlich auf äußere Einflüsse wie Temperatur, Feuchte, Licht, mechanische Beanspruchung, Luftschadstoffe und biologischen Befall. Besonders schlecht haltbar sind minderwertige, lignin- und säurehaltige Papiere wie z.B. Zeitungspapier.

Pergament ist im Gegensatz zu Leder eine ohne Gerbung verarbeitete Tierhaut. Es reagiert sehr empfindlich auf klimatische Veränderungen.

Vorbereiten

Entfernen Sie alle nicht direkt zum Objekt gehörenden Teile, die das Objekt schädigen können, wie Büroklammern, nicht rostfreie Heftklammern und Binder, Gummibänder, Hüllen aus PVC oder anderen weichmacherhaltigen Kunststoffen. Vermeiden Sie unbedingt die Verwendung von Haftzetteln (Post-it) sowie handelsüblichen Klebeecken, Klebestreifen und Etiketten auf Papier, da dadurch Klebstoff ins Papier wandern und dieses langfristig schädigen kann.

Beschriften

Beschriften Sie Objekte aus Papier jeweils fein und ohne zu drücken mit einem weichen Bleistift auf der Rückseite. Legen Sie verbindlich für ihre Sammlung fest, wo Sie Objekte signieren (z.B. auf der Rückseite unten oder oben links). Verwenden Sie keine Klebestreifen oder Klebeetiketten zur Beschriftung von Originalobjekten aus Papier.

Handhaben

Handhaben Sie Werke auf Papier, Bücher, Archivalien etc. stets mit sauberen, trockenen Händen, wenn möglich mit Handschuhen und vermeiden Sie eine Verschmutzung der Oberfläche durch schweißige oder durch Spucke befeuchtete Finger.

Handhaben Sie Werke auf Papier jeweils einzeln und tragen Sie sie nicht frei herum, sondern legen Sie sie dazu auf eine stabile Unterlage (Schachtel, Tablett, Karton etc.). Verwenden Sie zur Handhabung (z.B. Wenden) großformatiger Plakate, Pläne, Karten etc. speziell dafür vorgesehene Hilfsmittel und Vorrichtungen.

Nehmen Sie Bücher nur in geschlossenem Zustand in die Hand und ergreifen Sie diese wenn immer möglich um den Rücken (nicht jedoch am Rücken selbst). Tragen Sie Bücher nicht mit dem Rücken gegen oben, da sonst das gesamte Gewicht des Buchblocks am ohnehin fragilen Buchrücken hängt. Schieben Sie bei schweren oder fragilen Büchern im aufgeschlagenen Zustand Keile aus Schaumstoff, Plexiglas oder Karton unter die Buchdeckel, um den Öffnungswinkel zu verkleinern und damit den Buchrücken zu entlasten. Lassen Sie unbenutzte Bücher nie offen und schon gar nicht umgekehrt liegen, da auf diese Weise der Buchrücken Schaden nehmen kann.

Bedenken Sie, dass beim Fotokopieren durch das Niederdrücken des Buches dessen Rücken stark belastet wird und beschädigt werden könnte. Kopieren Sie daher nur Bücher, die sich problemlos flach öffnen lassen. Die starken Lichtquellen von Fotokopierapparaten können zudem das Papier schädigen. Vermeiden Sie daher das Kopieren historischer Bücher. Nutzen Sie stattdessen für Bücher die Reprofotografie oder speziell dafür vorgesehene Buchkopierer mit abgewinkelter Kopierfläche, wie sie in den meisten größeren Bibliotheken und Archiven vorhanden sind.

Unterlassen Sie es unbedingt, Teile aus einem Buch herauszuschneiden oder ein Buch auszubinden.

Vermeiden Sie es, gefaltete Urkunden allzu oft auseinander zu falten. Überlassen Sie das Glätten eines Dokuments dem Konservator/Restauratoren.

Transportieren

Transportieren Sie Bücher in Kisten stehend oder liegend, wie sie auch in Gestellen aufbewahrt werden. Vermeiden Sie es, Bücher mit dem Rücken nach oben in Kisten zu stellen, da auf diese Weise der frei hängende Buchblock den ohnehin oft geschädigten Buchrücken belastet. Verwenden Sie für den Transport loser Blätter und Archivalien stabile Archivmappen bzw. geeignete Schachteln, auch wenn dies nur von einem Raum in den anderen ist.

Lagern

Verwenden Sie zur Lagerung von Werken auf Papier, Büchern und Archivalien Produkte, welche der Norm ISO 9706 für alterungsbeständiges Papier bzw. ISO 16245 für Archivschachteln und Archivhüllen entsprechen (siehe auch Kapitel → *III.2 Fotografisches Material, Film und Digitaldrucke* sowie das Kapitel → *I.7 Materialien zur Verwendung im Umfeld von Kulturgut*).

Achten Sie darauf, bereits geschädigte Papiere nicht mit intakten Papieren aufzubewahren. Vermeiden Sie es, Zeitungs- und Zeitschriftenausschnitte in Bücher zu legen oder sie zusammen mit anderen Dokumenten zu archivieren. Legen Sie diese vom Material her gesehen minderwertigen Papiere in einen Umschlag aus säurefreiem, gepuffertem Papier und fertigen Sie eventuell eine Fotokopie auf alterungsbeständigem Papier an. Lagern Sie einzelne Blätter oder Lagen flach liegend und stapeln Sie nicht zu viele aufeinander. Versuchen Sie, möglichst gleichartige Formate und nur gleichartige Techniken gemeinsam aufzubewahren. Legen Sie allenfalls ein säurefreies Trennpapier zwischen einzelne Blätter oder verwenden Sie alterungsbeständige Umschläge oder Archivmappen mit oder ohne einklappbare Laschen. Achten Sie darauf, dass die Mappen oder Umschläge in beiden Richtungen leicht größer sind als die darin aufbewahrten Objekte, damit Letztere genügend geschützt sind (siehe auch Kapitel → *III.2 Fotografisches Material, Film und Digitaldrucke*). Ideal wäre bei Einzelblättern (z.B. Zeichnungen) eine konservatorisch korrekte Montage mit säurefreien Fälzchen in Passepartouts und eine Lagerung in Grafikkassetten aus säurefreiem, gepuffertem Karton.

Tipp: *Vermeiden Sie die Aufbewahrung von Blättern in nicht archivechten Passepartouts. Lassen Sie im Zweifelsfalle die Passepartouts durch einen Konservator/Restaurator überprüfen und allenfalls fachgerecht ersetzen. Versuchen Sie nicht, Blätter selber aus einem Passepartout zu lösen.*

Lagern Sie Pläne und Landkarten möglichst ohne Faltung in Planschubladen von geringer Höhe (weniger als 50 mm) und verwenden Sie Zwischenlagen aus säurefreiem Papier. Vermeiden Sie eine hängende Aufbewahrung oder eine gerollte Lagerung in oft säurehaltigen und zu engen Kartonhülsen. Architekturpläne auf Pergamin, Blaupausen, Heliographien etc. stellen wegen ihrer materiellen Beschaffenheit besondere Anforderungen an die Lagerung. Bewahren Sie derartige Objekte nach Sorte/Technik getrennt auf und lassen Sie sich von einem Konservator/Restaurator beraten.

Lagern Sie Bücher stehend und allenfalls unter Verwendung von geeigneten Bücherstützen. Keinesfalls sollten Bücher schräg in einem Regal stehen. Großformatige und schwere Bücher werden sinnvollerweise liegend gelagert, jedoch möglichst, ohne sie zu stapeln.

Gewisse Arten von Fotokopien und Computerausdrucken haben die Tendenz, bei liegender Lagerung abzuklatschen, d.h. dass die Schrift an der nächsten Seite kleben bleibt. Lagern sie daher Fotokopien aufrecht stehend und seitlich gehalten in alterungsbeständigen Archivmappen oder Archivschachteln, so dass sie sich nicht durchbiegen können. Mit Siegeln versehene Pergament- und Papierurkunden sind einzeln, flach und so aufzubewahren, dass lose angebrachte Siegel nicht herumrutschen, herausfallen oder zusammengedrückt werden können. Verwenden Sie dazu geeignete Schachteln mit formgerechten Einlagen, in welchen die Siegel gehalten sind (siehe auch Kapitel → *III.12 Siegel, Wachsbossierungen, Stempel und Petschaften*).

Großformate lagern

Versuchen Sie, großformatige Papiere, vor allem wenn sie brüchig, beschädigt, bemalt oder dick sind, flach zu lagern. Vermeiden Sie es, Papiere zu falten, da der Falz langfristig zur Bruchstelle werden kann. Wenn keine geeigneten Schubladen vorhanden sind, können Drucke und Poster als vorübergehender Notbehelf auch lose gerollt in einer Rolle von mindestens 8 cm Durchmesser aus archivechtem Karton gelagert werden. Je größer der Rollendurchmesser ist, desto weniger wird das gerollte Papier strapaziert. Achten Sie darauf, dass die Bildseite außen liegt und schützen Sie diese durch eine weitere Lage Papier.

Instandsetzung

Versuchen Sie nicht, Risse im Papier durch handelsübliche Klebestreifen zu reparieren. Überlassen Sie die Sicherung von Rissen dem Konservator/Restaurator. Risse in Gebrauchsbüchern (d.h. ersetzbare Bücher jüngeren Datums, welche häufig genutzt werden) können mit speziellen, archivechten Papierreparaturstreifen gesichert werden, wie sie auch in Bibliotheken verwendet werden. Mit falschem Material (z.B. handelsübliche Klebestreifen) ausgeführt, können Reparaturen langfristig größeren Schaden anrichten als sie nützen. Keinesfalls sollten historische Bücher, Typoskripte, Manuskripte, Archivalien etc. auf diese Weise »geflickt« werden.

→ 2 Fotografisches Material, Film und Digitaldrucke

Fotografisches Material

Die meisten bildgebenden Verfahren bedienen sich einer fotoaktiven Schicht auf der Basis chemischer Emulsionen, welche auf einem Trägermaterial aufgebracht ist. In der Regel ist das Trägermaterial ein Papier, Karton oder Kunststoff (Cellulosenitrat, Celluloseacetat, Polyester, Polyethylen/Papier-Verbund), früher auch Glas- oder Metallplatten und Leder.

Digitaldrucke

Mit dem Aufkommen der digitalen Fotografie gewinnen auch Digitaldrucke in verschiedenen Verfahren (Tintenstrahldruck, Laserdruck, Thermotransferdruck etc.) zunehmend an Bedeutung. Trotz modernster Technologie sind sie in der Regel nur für eine kurze Nutzungsdauer gedacht und daher oft unbeständig und schlecht haltbar.

Zu elektronisch aufgezeichneten (nicht ausgedruckten) Bilddaten siehe Kapitel → *III.18 Technisches Kulturgut – Audio, Video, Datenträger*

Eigenschaften

Die chemisch oft komplex aufgebaute Oberfläche von fotografischem Material reagiert sehr empfindlich gegen mechanische und chemische Einwirkungen (Zerkratzen, Handschweiß, Luftschadstoffe, ungeeignete Verpackung etc.). Einmal entstandene Schäden sind in der Regel nicht mehr oder nur noch mit hohem Aufwand rückgängig zu machen.

Handhaben

Halten Sie fotografische Materialien und Digitaldrucke so in den Händen, dass Sie die heikle Oberfläche nicht mit den Fingern berühren. Tragen Sie dazu wenn immer möglich saubere, weiche Baumwollhandschuhe. Handhaben Sie Abzüge, Negative und Drucke jeweils einzeln. Tragen Sie Objekte nicht frei herum, sondern legen Sie diese auf eine stabile, flache Unterlage (Schachtel, Tablett etc.).

Vermeiden Sie das Abwischen, Wegpolieren oder anderweitige Entfernen von Fingerabdrücken und Flecken auf der Oberfläche, da Sie dabei die empfindliche Oberfläche beschädigen könnten. Überlassen Sie die Reinigung fotografischer Materialien einem spezialisierten Konservator/Restaurator.

Schützen

Verwenden Sie keine herkömmlichen Schachteln (auch keine Schachteln von unbelichteten Fotopapieren!) oder Plastikhüllen, da sie oft aus minderwertigem Karton oder weichmacherhaltigem Plastik bestehen. Benutzen Sie Hüllen, Faltmappen und Schachteln aus Materialien, die nach Norm ISO 18902 speziell für die Archivierung von fotografischem Material hergestellt werden bzw. den so genannten »Photographic Activity Test« (PAT) nach ISO-Standard 14543 bestanden haben.

Schützen Sie Fotografien, Negative, Glasplatten etc. einzeln durch speziell für diesen Zweck vorgesehene Hüllen aus Papier, Polyester oder Pergamin (ein Objekt pro Hülle). Der höheren Transparenz von Polyesterhüllen steht die größere Gefahr der Bildung eines Mikroklimas zwischen Objekt und Hülle gegenüber, der schlechten Sichtbarkeit bei Papier steht dagegen die bessere klimatische Pufferwirkung gegenüber. Achten Sie darauf, dass die Hülle leicht größer ist als das Objekt, um ein gefahrloses Einschieben zu ermöglichen. Verwenden Sie für empfindliche Objekte (z.B. Glasplatten) Umschläge mit vier Laschen, in welche die Objekte eingelegt (statt eingeschoben) werden können und dadurch ein Verkratzen der Oberfläche vermieden wird.

Tipp: *Es lohnt sich, bei wertvollen oder bereits sichtlich zerfallenden Beständen durch einen Spezialisten eine Kopie bzw. einen Abzug anfertigen zu lassen. Dies hat den Vorteil, dass das fragile Original nur noch selten in die Hand genommen werden muss. Noch besser wäre es, wenn zwei Abzüge angefertigt würden, einer als Arbeitskopie und einer als Sicherungskopie. Achten Sie darauf, dass diese Abzüge* *mit geeigneten langlebigen Materialien und größter Sorgfalt hergestellt werden. Welche Materialien hierzu am besten geeignet sind, ist allerdings nach wie vor umstritten.*

Tipp: *Betrachten Sie Negative und Glasplatten nicht durch Hochhalten gegen Lampen oder gegen das Tageslicht, sondern legen Sie die Objekte auf ein geeignetes Leuchtpult mit Kaltlichtquelle. Setzen Sie die Negative oder Dias nur kurze Zeit dem Licht aus (weniger als eine Minute).*

Tipp: *Unterlassen Sie es, Fotos zu laminieren, aufzuziehen oder anderweitig aufzukleben.*

Beschriften

Beschriften Sie Abzüge nur auf der Rückseite und Negative auf der Hülle. Verwenden Sie dazu einen weichen Bleistift oder einen speziell dafür vorgesehenen Archivschreiber (vor allem bei so genannten PE-Papieren).

Tipp: *Achten Sie darauf, vor dem Beschriften der Hülle die Fotos und Negative zu entnehmen, da Sie sonst Abdrücke in der Oberfläche riskieren. Benutzen Sie Fotos und Negative niemals als Unterlage.*

Lagern

Fotografien, Negative und Digitaldrucke sind lichtempfindlich und daher grundsätzlich dunkel aufzubewahren. Lagern Sie fotografische Materialien getrennt von anderen Objekten und achten Sie darauf, unterschiedliche Typen von fotografischen Materialien bzw. von Digitaldrucken (Papierabzug, Negativ, Dia, Daguerreotypien etc. bzw. Tintenstrahldrucken etc.) getrennt voneinander aufzubewahren, damit keine gegenseitige Beeinflussung durch chemische Zerfallsprodukte entsteht.

Lagern Sie Fotoabzüge und Negative wenn möglich liegend in Stapeln bis zu maximal 20 Stück pro Schachtel, Glasplattennegative, Daguerreotypien etc. hingegen einzeln verpackt und auf einer Kante stehend. Achten Sie darauf, dass die Schachteln etwa der Größe der darin aufbewahrten Objekte entsprechen, damit diese nicht in der Schachtel herumrutschen. Lösen Sie Alben nicht zwecks besserer Lagerung oder zur Ausstellung auf, da das Album an sich zum historischen Bestand gehört. Ziehen Sie einen Konservator/Restaurator bei, falls Sie den Eindruck haben, dass das dazugehörige Album die Fotos schädigt (z.B. durch säurehaltiges Papier). Achten Sie darauf, Mikrofilmfiches in alterungsbeständigen Hüllen aus Papier oder Polyethylenterephtalatfolie aufzubewahren.

Tipp: *Bedenken Sie, dass auch (Arbeits-)Mikrofiches von Inventarbüchern, die nach wie vor benutzt und nachgeführt werden, inhaltlich veralten. Lassen Sie daher sporadisch neue Mikrofilm-Sicherungen dieser Inventardaten anfertigen.*

Belassen Sie Filme in der Spulenschachtel und lagern Sie diese liegend.

Gefahren

Frühe Negative und Filme aus Cellulosenitrat sind feuergefährlich und können sich unter Umständen selbst entzünden. Bewahren Sie diese Bestände nicht in Ihren Depots auf, außer Sie könnten die speziellen Aufbewahrungsbedingungen einwandfrei gewährleisten! Setzen Sie sich mit spezialisierten Institutionen in Verbindung, wenn Sie vermuten, derartige Bestände in Ihren Sammlungen zu haben.

Der Geruch nach Essigsäure ist ein untrügliches Zeichen vom Zerfall des Trägermaterials (Celluloseacetat). Kontrollieren Sie daher regelmäßig Ihre Bestände. Sondern Sie befallene Bestände umgehend aus in separate Archivschachteln, welche Sie in einem separaten, kühlen, trockenen Raum aufbewahren. Kontaktieren Sie umgehend einen Konservator/Restaurator für fotografische Materialien, da der Zerfall rasch fortschreitet.

Wegwerfen

Werfen Sie verblasste, anderweitig farblich veränderte oder beschädigte Negative, Dias und Abzüge nicht weg. Mit elektronischen Verfahren lässt sich heute in vielen Fällen die ursprüngliche Bildinformation wieder größtenteils rekonstruieren.

→ 3 Gemälde

Definition

Unter Malerei wird der Auftrag von unterschiedlichen, durch ein Bindemittel gebunden Pigmenten und Farbstoffen auf ein Trägermaterial verstanden. Träger können die unterschiedlichsten Materialien von Textilien aller Art über Holz, Spanplatten, Karton, Papier und Pergament bis zu Metall, Glas, Stein, Kunststoff etc. sein. Die Bindemittel sind z.B. verschiedene trocknende Öle, Ei (Tempera), Kasein, Acrylharz, Leim, Wachs, Gummi Arabicum usw. Die Pigmente, Farbstoffe und Füllstoffe ihrerseits können aus den unterschiedlichsten Materialien bestehen (z.B. Mineralien, Erden, Metalloxide, Pflanzenfarben, aber auch synthetisch hergestellte Stoffe und für Füllstoffe Sand, Sägemehl etc.).

Eigenschaften

Eine Haupteigenschaft von Gemälden besteht darin, dass die Farbschicht mehr oder weniger stark an das Trägermaterial gebunden ist. Dabei können Träger und Farbschicht auf äußere Einflüsse wie Klimaschwankungen, Erschütterung, mechanische Belastung etc. sehr unterschiedlich reagieren. Im Extremfall kann die Farbschicht reißen, blasen werfen oder abblättern.

Gemälde, aber auch die dazugehörigen Bilderrahmen aus Holz, Stuck, Metall etc. sowie deren zum Teil vergoldete Oberflächen sind äußerst anfällig für Bestoßungen und Bereibungen.

Handhaben

Verwenden Sie bei der Handhabung von Objekten möglichst immer Handschuhe. Handhaben Sie Objekte einzeln und stets mit beiden Händen, größere Bilder mindestens zu zweit.

Prüfen Sie bei gerahmten Bildern, ob Rahmen und Bildträger stabil miteinander verbunden sind. Fassen Sie gerahmte Bilder stets an den stabilen Holzteilen des Rahmens, keinesfalls an den vorstehenden Stuckteilen. Halten Sie kleinere Formate jeweils mit einer Hand unterstützend am unteren Rand und mit der anderen Hand stabilisierend an der Seite. Achten Sie darauf, ein Objekt zu (unter-)stützen, statt es an einem gewissen Punkt hochzuheben und damit Gefahr zu laufen, dass bei Gemälden der Rahmen auseinander bricht. Handhaben Sie ungerahmte, auf Spannrahmen gespannte Bilder jeweils so, dass Sie den Spannrahmen von hinten und mit dem Daumen und Handballen auf der Kante ergreifen oder mit einer Hand unterstützend am unteren Rand und mit der anderen Hand stabilisierend an der Seite. Vermeiden Sie es, die Bildfläche zu berühren und schieben Sie keinesfalls die Finger zwischen Bildträger und Spannrahmen, da dies den textilen Bildträger überdehnen oder die Malschicht beschädigen könnte.

Siehe auch Kapitel → *III.15 Glasmalerei, »Kabinettscheiben«, Schliffscheiben*

Verpackung
Kontrollieren Sie sowohl das Gemälde als auch eine eventuelle Rahmung auf ihre Transportfähigkeit (Stabilität, Zustand von Malschicht *und* Rahmen). Ziehen Sie im Zweifelsfalle einen Konservator/Restaurator zur Abklärung bei und überlassen Sie ihm das Verpacken von speziell empfindlichen Objekten bzw. von Objekten in schlechtem Zustand. Schlagen Sie intakte Bilder zum Schutz der Oberfläche in archivechtes Pergamin- oder Seidenpapier ein, sodann zur Polsterung in eine Luftpolster- oder Polyethylenschaumfolie. Achten Sie darauf, dass die Noppen der Luftpolsterfolie nach außen gewendet sind, um Abdrücke auf dem Objekt zu verhindern. Verstärken Sie gegebenenfalls den Schutz der Ecken durch »Eckhüte« aus Karton, Papier oder geschäumtem Polyethylen. Verpacken Sie Bilder so, dass der Verschluss der Verpackung auf der Rückseite zu liegen kommt, und sorgen Sie dafür, dass beim Zukleben die Klebebänder weder den Bildträger noch den Rahmen berühren. Entfernen Sie Verpackungen nach dem Transport wieder.

Tipp: *Legen Sie die Enden von Klebebändern jeweils 2 cm um. Dies erleichtert die Arbeit beim Auspacken. Verwenden Sie nicht allzu stark klebende Bänder.*

Verwenden Sie bei empfindlichen Gemälden geeignete Transportkisten, welche von Kunsttransportfirmen angeboten oder auch leihweise zur Verfügung gestellt werden. Diese Kisten bieten guten mechanischen Schutz und auch eine gewisse Klimapufferung. Sie werden entweder speziell nach Maß gefertigt oder verfügen im Innern über spezielle Befestigungsvorrichtungen für Bilder unterschiedlicher Größe.

Beschriften Sie die Objekte auf der Verpackung, um unnötiges Manipulieren der Objekte durch Ein- und Auspacken zu vermeiden.

Achten Sie darauf, wenn Sie bei einer Zwischenlagerung keine optimalen Umgebungsbedingungen garantieren können, dass die Bilder nicht über längere Zeit in der Verpackung bleiben, da die Gefahr der Bildung eines Mikroklimas zwischen Verpackung und Objekt besteht.

Sichern Sie Bilder, die mit einfachen Schutzgläsern versehen sind, für den Transport mit speziell für diesen Zweck hergestellten Klebebändern, welche gitterförmig auf die Glasfläche geklebt werden, ohne dass sie den Rahmen berühren. Dies verhindert bei Glasbruch die Verletzungsgefahr der Bildoberfläche durch Scherben. Grundsätzlich wird nur bruchsicheres Verbundsicherheitsglas (zweischichtige Gläser mit dazwischenliegender [UV-Schutz-]Folie) nicht abgeklebt. Vorsicht: Wenden Sie dieses Verfahren *nicht* bei entspiegelten Gläsern an, da dadurch die heikle Oberflächenvergütung beschädigt werden könnte. Kontaktieren Sie einen Konservator/Restaurator, um eine geeignete Lösung in Ihrem spezifischen Falle zu finden.

Tipp: *Wenn Sie neue Gläser beschaffen, fragen Sie nach interferenzoptisch entspiegelten* Verbundsicherheits*gläsern (zweischichtige Gläser mit dazwischenliegender [UV-]Folie). Im Falle eines Glasschadens verhindert die Folie (analog zur früheren Verklebung mit Klebeband) ein Auseinanderbrechen des Glases.*

Transportieren

Transportieren Sie Bilder in einem Fahrzeug mit der Bildfläche parallel zur Fahrtrichtung, um ein Hin-und-her-Schwingen der Leinwand beim Beschleunigen oder Bremsen des Fahrzeugs möglichst zu verhindern. Stellen Sie die verpackten Bilder auf eine vibrationsdämpfende, rutschfeste Unterlage aus Schaum- oder Moosgummi und sichern Sie diese mit Gurten gegen ein Verrutschen. Verwenden Sie Kantenschutzkartons zwischen Gurten und Objekt, um ein Verletzen von Rahmen oder Bildfläche durch die Gurten zu vermeiden. Kleinere Formate können auch in geeigneten Transportgebinden (z.B. Stapelbehälter) transportiert werden, solche ohne Verglasung mit der nötigen Sorgfalt in Ausnahmefällen auch liegend.

Tipp *Stellen Sie auch Kisten und kleinere Transportgebinde auf eine vibrationshemmende Unterlage, um die Übertragung von Vibrationen vom Fahrzeug auf das Objekt zu verringern.*

Verwenden Sie zum internen Transport einer größeren Anzahl Bilder so genannte Bilderwagen, welche mit weichen, luftgefüllten Gummirädern ausgestattet sind. Hier können mehrere Bilder stehend und schräg anlehnend nebeneinander transportiert werden. Werden mehrere Bilder hintereinander gestapelt auf dem Wagen transportiert, sollten sie entweder verpackt oder mindestens jeweils durch eine Trennlage Polyethylenschaumfolie, Luftpolsterfolie oder Karton voneinander getrennt werden, um Beschädigungen von Rahmen, Bildträger oder Malschicht zu vermeiden.

Lagern

Lagern Sie Bilder entweder hängend an Gittern oder auf einer Kante stehend in Bilderregalen. Achten Sie darauf, dass bei hängenden Bildern die Aufhängung intakt ist bzw. jeweils nur ein Bild pro Fach in einem Bilderregal (Schuberregal) aufbewahrt wird. Werden mehrere Bilder in einem Fach aufbewahrt, sind diese durch eine Trennlage aus Karton voneinander abzutrennen. Platzieren Sie, um klimatische Probleme zu vermeiden, Gitterwände und Bilderregale nicht an Außenwänden oder in unmittelbarer Nähe von Heizkörpern bzw. Luftaustritten von Lüftungs- und Klimaanlagen. Werden Bilder an Wänden (nicht Außenwände!) aufgehängt, achten Sie darauf, dass die Luft hinter den Bildern zirkulieren kann, indem Sie kleine Abstandhalter zwischen Wand und unterer Rahmenkante einschieben (z.B. Korkscheibchen). Vermeiden Sie das flache Lagern von Gemälden, es sei denn, die Malschicht ist in einem sehr schlechten Zustand oder die Gemälde sind kleinformatig und in einer Schublade unterzubringen. Lagern Sie jedoch keinesfalls mehrere Gemälde – gleich welcher Art – aufeinander gestapelt. Achten Sie bei der zwischenzeitlichen Lagerung von Bildern (z.B. beim Aufbau einer Ausstellung) darauf, die Bilder über Kreuz und jeweils Bildseite gegen Bildseite bzw. Rückseite gegen Rückseite an eine Wand zu lehnen, damit keine Gefahr besteht, dass ein Bild sich in die Oberfläche des dahinter stehenden eindrückt. Sorgen Sie für eine Trennlage zwischen den Bildern, die größer ist als diese selbst (z.B. Karton oder Verpackung). Stapeln Sie keine Bilder mit vorstehenden Aufhängevorrichtungen, da diese die Bildoberfläche beschädigen könnten. Lehnen Sie keine Objekte gegen mobile Einrichtungen wie z.B. Tische, welche sich verschieben könnten. Großformatige, nicht gespannte Gemälde auf textilem Träger (z.B. Fastentücher) sind auf großen Rollen mit der Malschicht nach außen aufzurollen. Zur Technik des Rollens siehe das Kapitel → *III.7 Textilien, Vliese, Kostüme, Uniformen, Strickwaren, Knüpfteppiche.*

Stellen Sie Bilder auch kurzfristig nie direkt auf den Boden, sondern auf saubere Abstandhalter (z.B. aus Holz oder geschäumtem Polyethylen).

Schutz

Das Anbringen eines so genannten Rückseitenschutzes aus Karton bei Gemälden mit Spannrahmen bringt nebst dem Schutz vor Bestoßungen auch eine deutliche Pufferung des Klimas an der Gemälderückseite. Lassen Sie sich von einem Konservator/Restaurator beraten, bei welchen Objekten dies als Maßnahme der präventiven Konservierung sinnvoll ist. Die Anbringung eines Rückseitenschutzes muss in jedem Falle durch einen Konservator/Restaurator erfolgen.

Verwenden Sie Eck- oder Kantenschutzkartons aus archivechtem Material, um eine Beschädigung der Rahmen beim Einschieben in Bilderregale zu verhindern. Legen Sie den Boden der Regalfächer mit einer Polsterung aus (z.B. Polyethylenschaumfolie).

Schützen Sie die Bilder gegen Staub in erster Linie durch geeignete Lagereinrichtungen und die regelmäßige Reinigung der Räume oder durch Abdeckung mit säurefreiem Seidenpapier, säurefreiem Pergaminpapier oder einem leichten, sauberen Tuch. Vermeiden Sie es, Bilder langfristig in Kunststoffverpackungen aufzubewahren, da die Gefahr besteht, dass sich zwischen Verpackung und Objekt ein ungünstiges Mikroklima bildet. Dies trifft insbesondere bei nicht optimalen klimatischen Verhältnissen zu. Bedenken Sie, dass verpackte Objekte zudem auch der Kontrolle »im Vorbeigehen« durch Mitarbeiter entgehen.

Siehe auch → *I.2 Klima, I.7 Materialien, I.6 Lagersysteme*

→ 4 Skulpturen und Plastiken

Definition

Dreidimensionale, von Menschenhand geschaffene Objekte der bildenden Kunst werden gemeinhin unter den Begriffen Skulpturen oder Plastiken zusammengefasst. Die Größe reicht von der wenige Zentimeter großen Kleinplastik bis zur Monumentalplastik mit einem Ausmaß von mehreren Metern. Im weitesten Sinne sind auch Puppen, Fatschenkinder, Votivbilder und Katakombenheilige unter den Begriffen Skulptur und Plastik zu verstehen.

Eigenschaften

Skulpturen können jede erdenkliche Form aufweisen und aus den verschiedensten Materialien wie Holz, Stein, Gips, Metall, Textilien, Wachs und Kunststoffen etc. sowie deren Kombinationen bestehen. Die Objekte können einteilig oder aus mehreren, eventuell losen Teilen zusammengesetzt sein. Oft sind sie zudem farbig gefasst, patiniert, vergoldet etc., wodurch ihre Oberfläche ebenso empfindlich ist wie diejenige eines Gemäldes.

Vorbereiten

Objekte können mehr oder weniger verdeckt mit Schrauben oder Haken und Ösen am Boden oder an der Wand befestigt sein. Lösen Sie diese Standsicherungen erst unmittelbar vor dem Transport. Lassen Sie dies wenn nötig durch einen Konservator/Restaurator ausführen oder lassen Sie sich durch ihn instruieren. Beachten Sie, dass vermeintlich aus *einem* Teil bestehende Objekte zusammengesetzt sein können (z.B. abnehmbare Extremitäten und Insignien bei einem Kruzifix). Untersuchen Sie daher *vor* der Handhabung, welche Teile beweglich oder lose sind und entfernen oder sichern Sie diese.

Verpacken

Verpacken Sie kleinere Objekte so in Transportbehältern, dass sie nicht herumrutschen können. Für fragile Skulpturen eignen sich Kisten mit speziellem Innenausbau der vor Bestoßungen, Erschütterungen und Klimaschwankungen weitgehend schützt. Stabile Objekte mit intakter Oberfläche können mit Luftpolsterfolien und Polyethylenschaumfolien vor Bestoßungen geschützt werden. Achten Sie jedoch darauf, dass die empfindlichen Teile der Skulptur (z.B. Arme oder Kopf) auch verpackt noch immer gut erkennbar sind.

Besondere Vorsicht ist bei gefassten Holz- und Gipsskulpturen angebracht, deren Fassung oft blättrig oder pudrig ist, sowie bei instabilen und fragilen Objekten. Die Handhabung derartiger Objekte ist Aufgabe des geschulten Konservators/Restaurators oder des Spezialisten für Kunsttransporte.

Tipp: *Kennzeichnen Sie Kisten und verpackte Objekte stets so, dass ersichtlich bleibt, wo oben ist. Transportieren Sie Objekte und Kisten gemäß dieser Angabe stets aufrecht.*

Handhaben

Handhaben Sie Skulpturen jeder Art mit Handschuhen und größere Objekte mindestens zu zweit. Ergreifen Sie ein Objekt stets an der stabilsten Stelle, niemals jedoch an vorstehenden Teilen oder den Extremitäten einer Figur. Bei größeren Objekten hat sich der Transport auf Europaletten mit dem Hubwagen oder auf einer Rettungsbahre bewährt. Achten Sie darauf, dass die Objekte genügend gesichert sind und stellen Sie sicher, dass die Skulptur beim Transport nirgends anstößt (eine Person bewegt den Wagen und die andere sichert das Objekt bzw. stellt sicher, dass die Raum- oder Türhöhen für eine Verschiebung ausreichen).

Überlassen Sie die Handhabung von schweren und fragilen Skulpturen geschulten Fachkräften, welche über die nötige Kenntnisse und Hilfsmittel wie Gurte, Hebemittel, Rollschemel, Kran etc. verfügen. Bezeichnen Sie schwere Objekte mit einer Gewichtsangabe und manipulieren Sie derartige Objekte keinesfalls alleine.

Tipp: *Mieten Sie bei einem Transportunternehmen einen Hubwagen mit Wiegefunktion. Wiegen Sie in einer Aktion alle schweren Objekte und zeichnen Sie diese mit der Gewichtsangabe aus.*

Vermerken Sie Besonderheiten zur Handhabung eines Objekts auf der Inventarkarte bzw. in der Inventardatenbank und konsultieren Sie diese Informationen *vor* einem Transport oder einer internen Verschiebung. Kennzeichnen Sie auch im Depot Objekte mit Besonderheiten, die es bei der Handhabung zu beachten gilt, indem Sie diese Information auf einem Zettel beilegen.

Transportieren

Transportieren Sie auch große Skulpturen wenn immer möglich in geschlossenen Fahrzeugen (keine Fahrzeuge mit Planenverdecken). Sichern Sie Objekte äußerst vorsichtig gegen das Umfallen, indem Sie sie an den Fahrzeugwänden festzurren. Bedenken Sie dabei, dass bei einem brüsken Stopp enorme Kräfte in Fahrtrichtung auf das Objekt wirken. Viele (nicht alle!) Objekte lassen sich liegend transportieren. Achten Sie dabei auf eine gepolsterte und möglichst rutschfeste Unterlage. Unterstützen Sie gegebenenfalls die Objekte mit Keilen oder anderen Hilfskonstruktionen, um ein Herumwippen oder Durchbiegen zu verhindern. Dazu hat sich bei nicht allzu schweren Objekten geschäumtes Polyethylen bewährt, das sich leicht bedarfsgerecht mit einem Messer zuschneiden lässt. Beachten Sie, dass Bandagierungen und Umreifungen, Bänder, Seile etc. keinesfalls direkt, sondern stets gepolstert über einer Schutzmanschette aus Polyethyleschaumfolie auf dem Objekt aufliegen. Ziehen Sie Gurte und Bänder vorsichtig straff, aber nicht zu stark an. Verwenden Sie keinesfalls scharfkantige Umreifungsbänder aus Metall!

Bedenken Sie, dass die sinnvolle Verteilung und Sicherung der Ladung im Fahrzeug in der Verantwortung des Fahrers liegt.

Objekte aus Wachs (z.B. Fatschenkinder) und gewissen Kunststoffen werden bei Temperaturen über 25° C weich und unter Umständen klebrig, bei Kälte spröde. Vermeiden Sie es daher, derartige Objekte bei extremen Temperaturen zu transportieren.

Lagern

Lagern Sie Skulpturen grundsätzlich in einer Umgebung, welche den materialspezifischen Bedingungen entspricht. Bei Werken aus mehreren Materialien ist ein Kompromiss erforderlich, der sich in erster Linie nach dem heikelsten Material richtet. Achten Sie darauf, dass Objekte mit kleiner Standfläche und damit geringer Standfestigkeit auch im Depot und insbesondere in Rollregalen fest stehen und gegen das Umfallen genügend gesichert sind. Empfindliche Kleinobjekte sind am besten gut gepolstert in alterungsbeständigen (Karton-)Schachteln aufgehoben.

Große und schwere Objekte lagern am besten auf der Europalette, so dass sie mit dem Hubwagen einfach verschoben werden können. Achten Sie in jedem Fall darauf, dass das Objekt ausreichend auf der Palette gesichert ist!

Schützen

Schützen Sie Skulpturen gegen Staub, indem Sie für für eine möglichst staubfreie Umgebung sorgen und z.B. staubgeschützte Regale verwenden. Objekte mit heikler Oberfläche sollten nicht mit Tüchern oder Folien abgedeckt werden. Vermeiden Sie die langfristige Lagerung von Objekten in Kunststofffolie als Verpackung, da sich zwischen Folie und Objekt ein ungünstiges Mikroklima bilden könnte.

Im Freien aufgestellte Skulpturen wie Garten- und Treppenskulpturen liegen im Grenzbereich zwischen immobilen und mobilen Objekten. Da sie der Witterung und der Umweltverschmutzung direkt ausgesetzt sind, bedürfen sie der regelmäßigen Kontrolle und Pflege. Die Erhaltung derartiger Objekte ist komplexer, als dies von außen den Anschein erweckt. Besprechen Sie sich daher mit einem Konservator/Restaurator, welche Maßnahmen Sie selber ergreifen können und wie diese durchzuführen sind (z.B. Witterungsschutz in der Winterjahreszeit).

→ 5 Möbel und Raumausstattungen

Definition

Unter Möbel und Raumausstattung sind Sitzgelegenheiten aller Art wie Stühle, Bänke, Sofas etc., Einrichtungsobjekte zur Aufbewahrung von Objekten wie Schränke, Buffets, Kommoden, Regale etc., Tische, Betten, Spiegel, Lampen und Beleuchtungskörper sowie Truhen aller Art zu verstehen. Im weitesten Sinne sind auch Altaraufbauten mit Teilen aus Holz, Stuckmarmor, Papiermaché etc. als Raumausstattungen zu betrachten, obschon wichtige Teile davon üblicherweise unter Skulpturen und Gemälden erfasst werden. Textilien und Teppiche werden in einem separaten Kapitel behandelt.

Eigenschaften

Möbel und Raumausstattungen können aus den meisten gängigen Materialien gefertigt sein. Häufig sind dies: Holz, Textilien, Leder, Metall und Glas aber auch Papiermaché, Gips, Stein etc. sind anzutreffen. Für Möbel und Raumausstattung des 20. und 21. Jahrhunderts spielen auch Kunststoffe aller Art eine bedeutende Rolle. Vielen dieser Objekte ist gemeinsam, dass sie aus mehreren Materialien zusammengesetzt sind bzw. aus Verbundmaterialien bestehen und daher für die Lagerbedingungen oft ein Kompromiss einzugehen ist, der sich in der Regel nach dem heikelsten der Materialien richtet.

Vorbereiten

Entfernen Sie bewegliche Teile wie Schubladen, Einlegeböden, Türen und lose Polster sowie lose aufgesteckte Dekorationsteile etc. und handhaben sie diese einzeln. Fixieren Sie bewegliche, aber nicht abnehmbare Teile vor der Handhabung mit Gurten. Entfernen Sie gegebenenfalls Schlüssel, beschriften Sie diese mit der Inventarnummer des Objekts und bewahren Sie sie am Möbel befestigt oder an einem anderen geeigneten Ort auf.

Viele Großmöbel wie Buffets und Schränke lassen sich oft ohne Werkzeug und ohne Gewalt (!) in einfach handhabbare Einzelteile zerlegen. Bezeichnen Sie bei der Demontage die Einzelteile und fertigen Sie eine Skizze an, wie diese wieder zusammenzubauen sind. Merken Sie sich insbesondere die Reihenfolge bzw. die genaue Zuordnung von Schubladen, Türen, Einlegeböden, Leisten, Hölzchen, Keilen etc., da diese oft nicht normiert sind und nur genau an dem für sie vorgesehenen Ort passen. Ziehen Sie im Zweifelsfalle einen Konservator/Restaurator für Möbel bei.

Handhaben

Handhaben Sie Objekte einzeln, wenn möglich in Originalposition (d.h. so wie sie stehen würden) und mit beiden Händen. Tragen Sie Handschuhe, wenn dabei der sichere Griff beim Handhaben der Objekte gewährleistet ist. Bei vielen Möbeln ist eine Handhabung zu zweit oder mit mehreren Personen sinnvoll.

Je nach Größe können Objekte getragen oder an geeigneten Orten mit Rollschemel oder Hubwagen und Europaletten bewegt werden. Ziehen Sie Objekte (auch wenn sie mit Rollen versehen sind) nicht über den Boden, da dabei die Gefahr besteht, das Objekt (und möglicherweise den Boden) zu beschädigen. Heben Sie ein Objekt stets an seiner strukturell stärksten Stelle wie z.B. am Rahmen der Sitzfläche. Achten Sie darauf, ein Objekt zu (unter-)stützen, statt es an einem einzigen Punkt (z.B. an der Stuhllehne) hochzuheben und damit Gefahr zu laufen, dass ein instabiles Objekt durch sein Eigengewicht auseinander gezogen wird. Benutzen Sie zum Anheben keine originalen Griffe an Objekten, da diese oft nur als Dekoration gedacht sind.

Berühren Sie die verspiegelte Oberfläche (Rückseite) von Spiegeln nicht. Zum einen könnte die Verspiegelung zerkratzt werden, zum anderen enthält die Verspiegelung bei Spiegeln bis ins 18. Jahrhundert giftiges Quecksilber.

Transportieren

Schützen Sie Objekte beim Transport, indem Sie Ecken, Kanten und Beine mit Polyethylenschaumfolie, Molton, mehrlagigem Papier oder Karton abpolstern. Achten Sie darauf, dass dabei keine Klebebänder mit der Objektoberfläche in Berührung kommen. Verwenden Sie *saubere* Wolldecken, um die Oberfläche unverpackter Objekte während eines Transports zu schützen.

Achten Sie beim Transport sperriger Objekte darauf, dass eine Hebebühne am Fahrzeug zur Verfügung steht, um die Objekte schonend verladen zu können. Dabei sind große und schwere Objekte möglichst vorne auf der Ladefläche unterzubringen, kleinere dagegen dahinter. Auf diese Weise besteht weniger Gefahr, dass ein großes Objekt bei einer Vollbremsung des Fahrzeugs kleinere zerdrückt. Verwenden Sie Europaletten oder übergroße Möbelpaletten als Transportgebinde und sichern Sie die darauf transportierten Objekte mit Gurten und Bändern auf der Palette. Zurren Sie mit mäßiger Kraft fest und legen Sie Karton oder Schaumstoff zwischen Möbel und Spanngurte, um Eindruckstellen zu verhindern. Sichern Sie die beladene Palette ihrerseits wiederum im Fahrzeug, indem Sie sie an der Fahrzeugwand festbinden. Objekte mit kleiner Standfläche, jedoch hohem Körper und große Möbelstücke werden sinnvollerweise direkt im Fahrzeug an den Wänden festgezurrt.

Tipp: *Sie erleichtern sich die Arbeit, wenn Sie Spanngurte bereits um das Möbel legen, bevor sie dieses ganz an die Fahrzeugwand schieben.*

Transportieren Sie zerbrechliche Objekte wie Glas- und Steinabdeckungen, Spiegel, Paravents, Ofenschirme etc. wie Bilder verpackt aufrecht stehend und stets mit der Fläche parallel zur Fahrtrichtung.

Überlassen Sie die Verschiebung und den Transport schwerer und sperriger Objekte unbedingt geschulten Fachleuten, die korrekt zu heben verstehen und mit Hilfsmitteln wie Tragegurten, Treppenlift etc. umzugehen wissen.

Tipp: *Beachten Sie, dass aus Gründen der Objekt- und Arbeitssicherheit Objekte über 10 kg nicht durch Einzelpersonen gehandhabt werden sollten.*

Lagern

Vermeiden Sie es, Objekte direkt auf den Boden zu stellen (v.a. in Keller- und Erdgeschossen mit Bodenfeuchte und Überschwemmungsgefahr). Verwenden Sie stattdessen z.B. saubere Europaletten oder spezielle Möbelpaletten als Sockel (siehe auch Kapitel → *I.5 Umgang mit Schädlingen*). Auf diese Weise lassen sich mit dem Hubwagen auch schwere Objekte bei Bedarf schonend verschieben. Lagern Sie Möbel so, dass sie nicht belastet sind. Verwenden Sie Regale, anstatt Möbel aufeinander zu stapeln. Missbrauchen Sie die Möbel nicht als Abstellfläche für andere Objekte, da die Gefahr besteht, dass dadurch die Objektoberfläche beschädigt werden könnte. Achten Sie darauf, dass Kunststoffflächen nicht mit anderen Materialien in Berührung kommen und sich gegenseitig beeinflussen können. Hängen Sie Objekte wie z.B. Lampen und Spiegel nur auf, wenn ihr Zustand und ihre Stabilität dies noch erlaubt. Verwenden Sie dazu Drahtaufhängungen oder feste, gut gesicherte Haken. Vermeiden sie Schnüre aus Naturfasern oder Kunststoffen, da diese mit der Zeit spröde und brüchig werden. Lassen Sie Schlüssel nicht stecken, damit Sie nicht z.B. mit Kleidern daran hängen bleiben. Beschriften Sie Schlüssel mit der Inventarnummer und legen Sie diese ins Möbel oder befestigen Sie sie an einem geeigneten Ort am Objekt (z.B. an der Rückseite). Achten Sie darauf, dass derart angebrachte Schlüssel ohne Hilfsmittel wieder entfernt werden können und dass diese die Oberfläche nicht zerkratzen können. Legen Sie lose Beschläge verpackt und mit der Inventarnummer beschriftet in das Möbel hinein.

Tipp: *Vermeiden Sie es, Schranktüren, Schubladen und Kästen mit dem Schlüssel zu verschließen und diesen abzuziehen, um zu verhindern, dass ein möglicher Dieb/Einbrecher auf der Suche nach Brauchbarem das Objekt aufbricht und dabei beschädigt.*

Schützen

Decken Sie Möbel, v.a. solche mit textilen oder ledernen Bezügen, zum Schutz vor Staub mit sauberen Tüchern ab. Vermeiden Sie luftundurchlässige Plastikabdeckungen, da sich bei nicht optimalen Umgebungsbedingungen zwischen Plastik und Objekt unter Umständen ein ungünstiges Mikroklima bilden könnte.

→ 6 Musikinstrumente

Definition

Unter Musikinstrumenten werden alle zur Klangerzeugung verwendeten Instrumente verstanden. Traditionell werden sie unterteilt in die Gruppen der Streich- und Zupfinstrumente, Blech- und Holzblasinstrumente, Schlaginstrumente sowie Tasteninstrumente. Hinzu kommen elektronische Instrumente, welche entsprechend den Empfehlungen für elektromechanisches und elektronisches Kulturgut zu behandeln sind.

Eigenschaften

Mit Ausnahme der Blechblasinstrumente sind die meisten Instrumente mehrheitlich aus organischen Materialien gefertigt (vornehmlich pflanzliche Materialien wie Holz, Fruchtschalen etc. sowie tierische Materialien wie Pergament, Fell, Darm, Sehnen, Elfenbein etc.). Sie reagieren sehr empfindlich auf klimatische Veränderungen. In den meisten Fällen bestehen Instrumente zudem aus einer Kombination verschiedenster Materialien.

Handhaben

Lassen Sie sich von Musikern, Instrumentenbauern bzw. Konservatoren/Restauratoren zeigen, wie Sie ein Instrument angemessen in Händen halten sollen. Handhaben Sie es stets mit beiden Händen bzw. bei größeren Instrumenten mit genügend Helfern. Vergewissern Sie sich, dass das Instrument korrekt zusammengesetzt ist und nicht auseinander fallen kann. Kontrollieren Sie auch den sicheren Sitz von Instrumentdeckeln, Mundstücken etc. Einige Instrumente haben Mechanismen (z.B. Pedale), welche vor einer Handhabung zu fixieren sind. Beachten Sie, dass bestimmte Tasteninstrumente auf losen, klappbaren Untergestellen ruhen. Schieben Sie Klaviere und Flügel nicht, auch nicht auf deren originalen Rollen, da dadurch das Instrument, aber auch der Boden beschädigt werden könnten.

Tipp: *Messen Sie* vor *dem Verschieben eines größeren Instruments die Verkehrswege aus, und planen Sie den Transport genau.*

Transportieren

Transportieren Sie Instrumente grundsätzlich in den für sie angefertigten Futteralen und Hüllen. Ziehen Sie Hartschalenkoffer weichen Hüllen vor. Lassen Sie schwere Instrumente (v.a. Klaviere und Flügel) durch spezialisierte Firmen handhaben, welche Erfahrung im Instrumententransport haben. Kleinere Tasteninstrumente können mit genügend Helfern verschoben werden. Eine zusätzliche Person transportiert das oft nicht mit dem Instrument verbundene Untergestell. Dabei wird das Instrument beim Verschieben über Treppen jeweils mit dem schwereren Teil (Tastaturseite) treppenabwärts transportiert.

Lagern

Setzen Sie Instrumente (wie alle Kulturgüter) nicht direkter Sonneneinstrahlung und großen Klimaschwankungen oder starker Trockenheit aus. Zu große Trockenheit bewirkt das Schwinden oder gar Reißen des Holzes und kann sich bei Musikinstrumenten fatal und irreparabel auf den Klang auswirken. Entlasten Sie die Instrumente bei der Lagerung von eventuellen Transportsicherungen.

Tipp: *Versehen Sie Objekte, welche zum Transport speziell gesichert oder zerlegt werden müssen bzw. für die Handhabung und den Transport relevante Besonderheiten aufweisen, mit den entsprechenden schriftlichen Hinweisen.*

Bewahren Sie Musikinstrumente in Originalposition bzw. in dem dafür vorgesehenen Futteral auf, es sei denn, das Material des Futterals an sich würde das Instrument beeinträchtigen. Betrachten Sie ein originales Futteral als Teil des Objekts und versehen Sie es mit einer entsprechenden Inventarunternummer. Bewahren Sie Blasinstrumente ausgetrocknet und ordnungsgemäß zerlegt auf, Streich- und Zupfinstrumente besaitet und unter leicht reduzierter Spannung der Saiten, die zugehörigen Bogen jedoch entspannt, Harfen in entspanntem Zustand. Trommeln sind stehend und mit entspanntem Fell zu lagern. Tasteninstrumente sind grundsätzlich in Originalposition aufzubewahren. Achten Sie darauf, dass die Oberfläche von Tasteninstrumenten durch ein sauberes Tuch oder eine spezielle Schutzhülle geschützt ist. Missbrauchen Sie größere Instrumente jedoch nicht als Abstellfläche für kleinere Instrumente, und vermeiden Sie auf jeden Fall das Stapeln von Instrumenten, selbst wenn diese in Futterale verpackt sind.

Lagern Sie kleinere Objekte ohne Hülle oder Futteral mit säurefreiem Seidenpapier gepolstert in alterungsbeständigen Kartonschachteln.

Bewahren sie auch lose und defekte Saiten, Kolophoniumstücke, Blättchen, Kinnauflagen etc. jeweils zusammen mit dem Instrument sowie mit entsprechender Inventarunternummer versehen auf. Heben Sie auch Gebrauchs- und Pflegeanweisungen sowie Verpackungen von Ersatzmaterial auf.

Schutz

Bestimmte Instrumente (v.a. Tasten, Saiten- und Holzblasinstrumente) sollten, nachdem sie längere Zeit nicht gespielt wurden, sorgfältig wieder Instand gestellt und (ein-)gespielt werden. Vermeiden Sie es, Sammlungsinstrumente ohne Rücksprache mit einem Konservator/Restaurator zu spielen und versuchen Sie keine musikalischen Experimente auf historischen Instrumenten. Ein herausragender Musiker ist keine Garantie für das Wissen um den Umgang mit historischen Instrumenten. Häufig kann nach einer längeren Vernachlässigung eines Instruments dieses nur in mehreren zeitlich sich folgenden Schritten wieder korrekt gestimmt werden. Das regelmäßige Stimmen und das fachgerechte Spielen von Instrumenten kann in gewissen Fällen langfristig deren Funktion erhalten.

Siehe auch die Kapitel → *III.1 Werke aus Papier, Bücher, Archivalien, Werke aus Pergament* sowie → *III.18 Technisches Kulturgut – Audio, Video, Datenträger*

→ 7 Textilien, Vliese, Kostüme, Uniformen, Strickwaren, Knüpfteppiche

Definition

In vielen Bereichen unseres Alltags finden sich Gewebe, Knüpfteppiche und Vliese (z.B. Filz). Sie bestehen aus natürlichen Fasern wie Leinen, Baumwolle, Wolle und Seide, modifizierten Naturfasern wie Viskose oder Rayon sowie Kunstfasern wie Nylon und Polyester, die durch Färben, Weben, Knüpfen, Stricken, Filzen, Sticken, Schneidern etc. weiterverarbeitet sind.

Eigenschaften

Je nach Ausgangsmaterial, Färbung, Ausrüstung und Verarbeitung können Textilien, Knüpfteppiche und Vliese die unterschiedlichsten Eigenschaften aufweisen. Die verschiedenen pflanzlichen, tierischen und synthetischen Fasern reagieren sehr unterschiedlich auf Feuchtigkeit. Die zur Färbung verwendeten natürlichen und synthetischen Farbstoffe können wiederum mehr oder weniger schnell verbleichen oder im Kontakt mit Wasser ausbluten. Die verschiedenen Fasern sind zudem sehr unterschiedlich anfällig für Schädlinge (siehe auch Kapitel → *I.5 Umgang mit Schädlingen*).

Vorbereiten

Achten sie darauf, dass textile Objekte, Vliese und Teppiche in sauberem Zustand aufbewahrt werden, da sich z.B. Schimmel bevorzugt auf dem Schmutzsubstrat niederlässt. Kontrollieren Sie die Sammlung und jeden Neueingang regelmäßig auf Schädlinge wie Schimmel sowie Motten oder Teppichkäfer, insbesondere aber auf deren faserfressende Larven. Umgeben Sie Zubehörteile aus unedlem Material (z.B. Knöpfe, Schließen und Schnallen) mit säurefreiem Seidenpapier, um zu verhindern, dass bei hoher Luftfeuchte Flecken auf dem Textil entstehen (z.B. durch Rost).

Handhaben

Handhaben Sie Textilien jeweils einzeln. Tragen Sie diese nicht frei herum, sondern verwenden Sie dazu geeignete feste Unterlagen, Schachteln, Rollen oder Bügel. Tapisserien sind oft sperrig und schwer. Zur Demontage sind daher unbedingt genügend Helfer und geeignete Leitern erforderlich. Stellen Sie sicher, dass beim Rollen eines großen Textils die Arbeitsfläche (Tisch, Boden) groß genug und sauber ist. Das Rollen großer Stücke geht am einfachsten zu zweit oder zu dritt.

Tipp: *Legen Sie säurefreies Seidenpapier auf dem Tisch oder auf dem Boden aus. Legen Sie das Textil mit der Vorderseite, d.h. der bestickten oder bemalten Seite nach unten so darauf, dass am Anfang des Textils ca. 20-30 cm des Seidenpapiers noch sichtbar bleiben. Rollen Sie nun beginnend mit dem Seidenpapier das Textil auf. Diese Methode vereinfacht das Einrollen des Textilanfangs. Kurz vor dem Ende des Einrollens legen Sie ca. 30 cm überlappend Seidenpapier* auf *das Textil. Beim Weiterrollen sollte sodann das Seidenpapier das aufgerollte Textil vollständig umgeben. Zusätzlich kann die Rolle noch in ein Tuch eingeschlagen werden.*

Transportieren

Transportieren Sie Objekte so, dass sie nicht zerknittert oder zerdrückt werden. Kostüme und Uniformen lassen sich auch auf gepolsterten Bügeln hängend in speziellen Kleiderumzugsschachteln transportieren. Handelsübliche Kleiderkartons eignen sich allerdings wegen der nicht alterungsbeständigen Kartonqualität in der Regel nicht für die mittel- und langfristige Lagerung von Objekten. Flache Textilien, Tapisserien und Teppiche sollten gerollt transportiert werden. Vermeiden Sie möglichst, die Objekte für den Transport zu falten.

Lagern

Lagern sie Textilien dunkel, trocken und vor Staub geschützt. Polstern Sie Falten und Hohlräume mit säurefreiem Seidenpapier aus, um zu vermeiden, dass bei der Lagerung scharfe Knickfalten entstehen. Kleinere Flachtextilien können ausgebreitet flach aufbewahrt werden. Größere Textilien wie Tischtücher sowie Teppiche und Wirkereien werden auf Rollen von mindestens 10 cm Durchmesser aufgerollt. Säurefreie Kartonrollen von ausreichendem Durchmesser sind kostspielig. Als Alternative sind Kartonrollen in Teppichfachgeschäft oft unentgeltlich erhältlich. Achten Sie darauf, dass das Objekt nicht direkt mit der säurehaltigen Rolle in Kontakt kommt, sondern eine Schicht aus Polyethylenterephtalatfolie oder Aluminiumfolie sowie darübergezogenem Trikotschlauch (Beinverband aus dem Sanitätshandel) dazwischen liegt.

Tipp: *Verwenden Sie eine Rolle, die ca. 20-30 cm länger als das Textil breit ist, damit die Rolle an den vorstehenden Rohrenden gehalten und aufgehängt bzw. gelagert werden kann. Vermeiden Sie es, die Rolle liegend zu lagern, da so das ganze Gewicht der Rolle auf bestimmte Stellen des Objekts drücken würde und das Objekt beschädigen könnte.*

Große, schwere Textilien, Tapisserien und Stickereien sowie bemalte Textilien sollten möglichst mit der Sichtseite nach außen auf Rollen von möglichst großem Durchmesser (40-60 cm) aufgerollt werden. Nicht geeignet zum Rollen sind Textilien mit Reliefstickereien, mit steifer Malschicht (z.B. bemalte Fahnen) oder aus zwei Teilen (Vorder- und Rückseite) zusammengesetzte Textilien, bei welchen eines der beiden Teile beim Rollen zerknittern würde.

Tipp: *Lagern Sie wenn immer möglich nur ein Objekt pro Rolle.*

Stabile Kostüme, Uniformen und liturgische Gewänder in gutem Zustand lassen sich an gepolsterten Bügeln hängend lagern. Achten Sie darauf, genügend Raum in Schränken bereitzustellen, um die Objekte nicht hineinzwängen zu müssen. Passend genähte Staubhüllen, saubere Tücher oder säurefreies Seidenpapier werden ganzflächig darüber geschlagen und schützen vor Staub und gegenseitigem Abreiben. Kostüme, Strickwaren, Uniformen, Hütte, Zubehörteile (Accessoires) und dreidimensionale Objekte können auch in genügend großen, säurefreien Schachteln liegend gelagert werden. Achten Sie darauf, Hohlformen (z.B. Hüte, Taschen etc.) genügend auszupolstern und abzustützen. Verwenden Sie für Objekte aus tierischen Fasern möglichst solche aus säurefreiem, *un*gepuffertem Karton. Müssen Teile umgefaltet werden, polstern Sie die entstehenden Falte mit einem Wulst von säurefreiem Seidenpapier aus, damit die Falte langfristig nicht bricht. Vermeiden Sie es, textile Objekte direkt auf rohem Holz aufzubewahren (insbesondere auf gerbsäurehaltigem Eichenholz, harzhaltigem Nadelholz und Spanplatten). Die Ausgasungen können zu einer Schädigung (Vergilbung, Verfleckung, Versprödung) der Fasern und damit zu einer Beeinträchtigung des Textils führen. Achten Sie darauf, dass Kästen, Schubladen und Truhen nicht hermetisch abgeschlossen sind und ein Luftaustausch möglich ist.

Sinnvoll sind z.B. Lüftungsschlitze im untersten und obersten Viertel eines Schrankes oder gelochte Seitenwände bei Regalanlagen, um eine gewisse Zirkulation zu ermöglichen.

Tipp: *Versehen Sie Lüftungsschlitze und -löcher in Schranktüren mit einem dichten Gewebe oder Filtervlies, um eine Verschmutzung der Objekte durch Staub und das Eindringen von Schädlingen zu verhindern.*

Schützen

Schützen Sie Objekte in erster Linie vor Licht und Staub. Verwenden Sie als Staubschutz säurefreies Seidenpapier oder dicht gewebte, aber luftdurchlässige Stoffe. Vermeiden Sie die hermetische Verpackung in Folien oder Kleidersäcke aus PVC-Folie, v.a. wenn Sie kein optimales stabiles Klima gewährleisten können. Vergessen Sie jedoch nicht, für den Transport außer Haus vorübergehend einen wasserdichten Witterungsschutz anzubringen.

Kontrollieren Sie die Bestände regelmäßig auf eventuellen Schädlingsbefall.

Beschriften

Kennzeichnen Sie Schachteln, Rollen etc. außen mit der Inventarnummer, einer aussagekräftigen Beschreibung sowie einem Foto des Objekts (bzw. Fotokopie davon). Damit vermeiden Sie unnötige Objektbewegungen auf der Suche nach einem Objekt.

Siehe auch die Kapitel → *I.2 Klimabedingungen für die Aufbewahrung von Kulturgut* sowie → *I.7 Materialien zur Verwendung im Umfeld von Kulturgut*

→ 8 Leder und Fell

Definition

Leder und Fell finden als robustes, flexibles und einfach zu verarbeitendes Material seit Jahrtausenden Verwendung für Schuhwerk, Bekleidung, Sattel- und Zaumzeug, Mobiliar, aber auch im technischen Bereich für flexible Verbindungen (z.B. zur Aufhängung des Glockenschwengels, des Dreschflegels, oder als Keilriemen bei technischen Geräten).

Eigenschaften

Durch die Gerbung mit pflanzlichen, metallischen oder synthetischen Stoffen ist das Leder robust, flexibel und bei geeigneter Handhabung, Pflege und Lagerung außerordentlich haltbar. Je nach Verwendungszweck kann es gespalten, gefärbt und z.B. durch Nähen, Nieten und Kleben weiterverarbeitet werden. Im Gebrauch ist neues, glattes Leder relativ unempfindlich gegenüber Schmutz und einfach sauber zu halten. Die Oberfläche von glattem Leder ist jedoch relativ empfindlich für Zerkratzen. Gealtertes, sprödes Leder ist zunehmend empfindlich gegenüber sämtlicher Handhabung. Eine rot-pudrige Zersetzung des Leders oder starker Haarausfall bei Fellen lässt auf einen bereits fortgeschrittenen Zerfall schließen, der kaum gestoppt werden kann. Kontaktieren Sie in diesen Fällen einen spezialisierten Konservator/Restaurator für Leder bzw. Fell.

Vorbereiten

Achten Sie darauf, dass Leder- und Fellobjekte in sauberem Zustand aufbewahrt werden, da sich z.B. Schimmel bevorzugt auf dem Schmutzsubstrat niederlässt. Kontrollieren Sie Fellobjekte auf einen möglichen Schädlingsbefall (Pelzkäfer, Motten etc.). Vermeiden Sie es, Lederobjekte vorbeugend mit so genannten Lederpflegemitteln zu behandeln, da viele Objekte ohnehin bereits überfettet sind. Überfettete Leder werden hart, steif und brüchig oder können an der Oberfläche weiße Ausblühungen aufweisen.

Handhaben

Bedenken Sie, dass die Objekte durch die Gerbung, die Pflege, aber auch durch Maßnahmen zur Schädlingsbekämpfung mit für Menschen bedenklichen (gesundheitsschädigenden) Stoffen kontaminiert sein können und tragen Sie entsprechende Schutzhandschuhe aus Latex, Vinyl oder Nitril.

Handhaben Sie Leder- und Fellobjekte jeweils einzeln. Tragen Sie diese nicht frei herum, sondern verwenden Sie dazu geeignete feste Unterlagen, Schachteln oder gegebenenfalls Bügel.

Transportieren
Transportieren Sie Objekte so, dass sie nicht zerdrückt werden und sorgen Sie dafür, dass die Objekte genügend abgestützt sind.

Lagern
Lagern Sie Objekte aus Leder und Fell möglichst liegend und wenn möglich in Form abgestützt bzw. bei Hohlformen (z.B. Schuhe) ausgepolstert. Vermeiden Sie es, schwerere Lederobjekte aufzuhängen, da die Gefahr besteht, dass z.B. Riemen unter dem Gewicht reißen, insbesondere wenn das Leder wegen zu trockener Umgebungsbedingungen ausgetrocknet und spröde ist. Entlasten Sie Riemen möglichst vom Gewicht, das sie ursprünglich tragen sollten (z.B. bei durch Riemen zusammengehaltenen Rüstungen).

Achten Sie darauf, dass die relative Feuchte eher in der oberen Bandbreite zwischen 50 und 60 % liegt, um ein Austrocknen der Objekte zu verhindern. Fellobjekte sollten zudem möglichst kühl aufbewahrt werden, um die Entwicklung von Schädlingen zu minimieren.

Schützen
Schützen Sie Objekte in erster Linie vor Licht und Staub. Verwenden Sie als Staubschutz säurefreies Seidenpapier oder dicht gewebte, aber luftdurchlässige Stoffe. Vermeiden Sie die hermetische Verpackung in Plastikfolien, v.a. wenn Sie kein optimales stabiles Klima gewährleisten können.

→ 9 Naturkundliche Objekte (Tier- und Pflanzenpräparate, geologische Muster etc.)

Definition

Naturkundliche Sammlungen umfassen jegliche Arten von Pflanzen, Pilzen, Flechten, Tieren, Knochen, Fossilien und geologischen Objekten. Weniger bekannt ist, dass in größeren Institutionen dazu auch lebende Tiere und Pflanzen, Bakterien, Viren, Gewebeproben, aber auch z.B. Eisbohrkerne von Gletscheruntersuchungen gehören können. Neben den Beständen von Naturmuseen und Forschungssammlungen sind naturkundliche Objekte auch in den Schausammlungen öffentlicher Schulen zu finden.

In naturkundlichen Sammlungen finden sich oft auch ethnografische Objekte, was durch die historische Entwicklung der Museen zu erklären ist.

Eigenschaften

Präparierte Pflanzen und Tiere unterliegen wie alle organischen Materialien einem natürlichen biologischen Zerfall, der durch Umgebungsbedingungen wie Klima, Licht, Schädlingsbefall etc. beeinflusst wird.

Durch die Art der Präparation (z.B. mit Arsenik) bzw. der Aufbewahrung (z.B. in Alkohol oder Formaldehyd) sind gewisse Objektgruppen wegen der verwendeten giftigen bzw. leicht entzündlichen Stoffe ein nicht unerhebliches Risiko für den Rest der Sammlung bzw. den Menschen (siehe Kapitel → *II.6 Arbeitssicherheit*).

Auch anorganische Objekte wie z.B. Mineralien unterliegen einem natürlichen Zerfall, der durch ungünstige Umgebungsbedingungen beschleunigt werden kann.

Arbeitssicherheit

Einige Pflanzen- oder Tierpräparate sind an sich giftig. Den meisten Tier- und Pflanzenobjekten ist zudem eigen, dass sie, bevor sie in die Sammlung gelangten, einer Präparation unterzogen wurden, um überhaupt haltbar zu werden. Um dem Schädlingsbefall vorzubeugen, wurden zudem naturkundliche Objekte in der Vergangenheit oft mit Insektiziden chemisch behandelt und können daher ein erhebliches Giftrisiko darstellen. Viele der dabei verwendeten chemischen Substanzen sind aus heutiger Sicht problematisch. Handhaben Sie daher alle Objekte stets mit Schutzhandschuhen.

Formaldehyd und Alkohol, welche oft als Konservierungsmittel für Feuchtpräparate verwendet werden, sind leicht brennbar und zudem aggressive chemische Substanzen, welche eine Vielzahl von Materialien angreifen.

Formaldehyd steht zudem im Verdacht krebserregend zu sein. Auch gewisse Mineralien wie z.B. Asbest (lungenschädigende Fasern) können ein Gesundheitsrisiko darstellen und müssen dementsprechend unter Verschluss und unter Wahrung der einschlägigen Vorschriften aufbewahrt und gekennzeichnet werden.

Vorbereiten

Achten Sie darauf, dass Sie Neuzugänge und zurückkehrende Leihgaben von organischen Objekten (v.a. Tier- und Pflanzenpräparate) nie direkt in die Sammlungsbestände (wieder) integrieren. Lagern Sie Präparate zuerst während einer gewissen Zeit in einem abgetrennten Raum (Quarantäne) zwischen und kontrollieren Sie diese Objekte systematisch auf Schädlingsbefall.

Handhaben

Ziehen Sie immer Handschuhe aus Vinyl, Nitril oder Latex an, auch zu Ihrem eigenen Schutz (Baumwollhandschuhe bieten keinen ausreichenden Schutz gegen Insektizide). Prüfen Sie *vor* der Handhabung eines Objekts dessen Stabilität, und überlegen Sie sich genau, wo seine strukturellen Stärken bzw. Schwächen liegen. Handhaben Sie auf Sockel montierte kleinere Objekte jeweils am Sockel und stützen/sichern Sie eventuell zusätzlich das Objekt an sich, nachdem Sie die Verbindung von Objekt und Sockel geprüft haben. Lassen Sie sich durch den Präparator zeigen, wie eine bestimmte Tierart am schonendsten zu handhaben ist. Vermeiden Sie es unbedingt, Tierpräparate an Kopf, Hals, Beinen, Flügeln, Schwanz, Hörnern etc. zu ergreifen, da diese oft nicht stabil genug sind.

Insekten werden oft auf so genannten Insektennadeln aufgesteckt in verglasten Insektenkästen aufbewahrt. Diese Aufbewahrungsart ist sehr effizient, aber erschütterungsempfindlich und muss korrekt ausgeführt werden. Bereits ein leichter Schlag gegen den Insektenkasten kann die Insekten aus ihrer Halterung herauslösen. Überlassen Sie das sachgerechte Aufstecken der Insekten entsprechenden Fachkräften oder lassen Sie sich sorgfältig in diese Arbeit einführen. In Anbetracht der Empfindlichkeit der Objekte sollte mit ihnen so selten wie möglich gearbeitet werden.

Mineralien und Meteoriten können auch bei kleinen Dimensionen relativ schwer sein. Bedenken Sie dies, v.a. wenn Sie Lager- oder Transportgebinde handhaben und überprüfen Sie jeweils zuvor die Stabilität der Gebinde.

Tipp: *Kennzeichnen Sie schwere Objekte bzw. Gebinde mit schweren Objekten mit einem Hinweis oder mit einer Gewichtsangabe. Vermeiden Sie es unbedingt, schwere bzw. Ihnen schwer erscheinende Objekte alleine zu handhaben.*

Transportieren

Naturkundliche Objekte können außerordentlich fragil sein. Transportieren Sie Tierpräparate jeweils *mit* ihrem Sockel in einer Schachtel oder Kiste, so dass die Objekte nicht herumrutschen können. Kennzeichnen Sie Transportbehälter klar mit »oben«/»unten« und informieren Sie sowohl interne wie externe Mitarbeiter über die Wichtigkeit, die Objekte *aufrecht* zu transportieren, damit sie nicht zusammengedrückt werden. Bei vielen Tierpräparaten ist im Übrigen die so genannte Kiwi-Verpackung angebracht, welche die Objekte am Verrutschen hindert, diese aber nach oben sichtbar belässt.

Vermeiden Sie wenn immer möglich, in Flüssigkeiten aufbewahrte Objekte außer Haus zu transportieren. Sie unterliegen besonderen Transportvorschriften für Gefahrengut, da die Flüssigkeiten z.T. feuergefährlich sind. Informieren Sie sich darüber, was zu tun ist, wenn ein Behälter bricht und Flüssigkeit ausläuft.

Transportieren Sie Kleinobjekte stets in einem Behälter, wenn möglich in ihrem Lagergebinde. Seien Sie zurückhaltend mit der Ausleihe von Präparaten. Für wenig druckempfindliche Objekte wie z.B. bestimmte Mineralien und Versteinerungen haben sich zur Polsterung Transportkissen bewährt (mit Styroporkügelchen lose gefüllte Transportkissen aus Trikotschlauch).

Lagern

Tier- und Pflanzenpräparate sollten nicht zu trocken aufbewahrt werden, da sonst damit zu rechnen ist, dass Haare und Federn vermehrt ausfallen bzw. Pflanzenpräparate sowie Leder und Häute spröde werden. Da viele naturkundliche Objekte aus organischen Materialien bestehen, sind sie auch anfällig für biologischen Befall. Eine kühle Lagerung ist daher anzustreben (unter 13-15° C ist die Entwicklung und Vermehrung von Insekten eingeschränkt). Bewahren Sie Herbarien liegend in geeigneten, archivechten Schachteln auf, statt sie stehend oder offen auf Regalen zu lagern.

Insektenkästen sind stets in ihrer Originalposition (meistens liegend) zu lagern. Vermeiden sie es, vorsorglich Mottenpapiere in jeden Kasten zu legen, da die in den Mottenpapieren enthaltenen Substanzen die Objekte und deren Farben angreifen könnten. Sorgen Sie stattdessen für angemessene Umgebungsbedingungen und eine regelmäßige, systematische Schädlingskontrolle (siehe Kapitel → *I.5 Umgang mit Schädlingen*).

Lagern Sie in Flüssigkeit wie Alkohol oder Formalin eingelegte Objekte separat und kontrollieren Sie diese regelmäßig. Derartige Präparate sollten stets vollständig von der konservierenden Flüssigkeit in der vorgeschriebenen Konzentration bedeckt sein. Ist dies nicht der Fall, muss eine entsprechende Fachkraft die Flüssigkeit auffüllen bzw. müssen die betroffenen Objekte fachgerecht umgelagert werden. Vermeiden Sie es, die Gefäße außerhalb dieser Wartungsarbeiten zu öffnen, da sie sich danach oft nicht oder nur mit großem Aufwand wieder hermetisch verschließen lassen. Achten Sie auch auf den typischen Geruch, der beim Verdunsten dieser Flüssigkeiten entsteht und der ein Anzeichen für undichte Gefäße ist. Gehen Sie den Problemen umgehend auf den Grund und beheben Sie den Schaden bzw. lassen Sie den Schaden beheben.

Achtung! Die meisten Flüssigkeiten, in welche Präparate eingelegt sind, sind flüchtig und feuergefährlich. Die Präparate müssen daher gemäß den einschlägigen Sicherheitsbestimmungen aufbewahrt werden (verstärkte Lüftung, Brandschutzeinrichtungen etc.). Die Einlegeböden der Regale müssen als Wannen geformt sein, damit die Flüssigkeit im Schadensfalle bereits in der Wanne aufgefangen werden kann.

Tipp: *Informieren Sie die lokale Feuerwehr ausdrücklich über Ihre Bestände an Feuchtpräparaten.*

Bestimmte Mineralien wie z.B. Salzkristalle oder Schwefel sind stark feuchtigkeitsempfindlich und müssen unter speziellen Klimakonditionen gelagert werden. Es empfiehlt sich, für diese Objekte kleine, geschlossene Lagergebinde zu schaffen, welche z.B. mit Silica Gel auf eine bestimmte relative Luftfeuchtigkeit konditioniert werden können. Andere Mineralien sind ein Gesundheitsrisiko und müssen unter Verschluss sowie mit einem klar erkennbaren Gefahrenhinweis aufbewahrt werden (z.B. Asbest).

Schützen

Vermeiden Sie, dass die Objekte verstauben, da z.B. Felle, Federn oder auch z.B. nadelförmige Kristalle nur mit Mühe wieder zu reinigen sind. Halten Sie das Depot sauber und beachten Sie, dass eine Abdeckung der Objekte mit Plastikfolie in vielen Fällen nicht geeignet ist, da sich zwischen Plastik und Objekt ein Mikroklima bilden könnte. Achten Sie darauf, den einzelnen Objekten genügend Platz einzuräumen, damit sie nicht zusammengedrückt werden und beim Herausnehmen andere Objekte nicht beschädigt werden.

Ethik

Bedenken Sie, dass sich Personen in ihren Gefühlen verletzt fühlen könnten, wenn sich menschliche Reliquien (Knochen, Schädel, Haare etc.) sowie auch gewisse Kultobjekte in Museumssammlungen befinden. Behandeln Sie derartige Objekte mit der angemessenen Ehrfurcht.

→ 10 Objekte aus Metall

Edelmetalle und polierte Metalle

Definition

Viele Objekte aus dem kirchlichen und weltlichen Umfeld bestehen aus edlen und unedlen Metallen, Email und Edelsteinen. Dazu gehören kirchliche Geräte wie Mess- und Abendmalskelche, Ziborien, Monstranzen, Messkännchen, Taufbecken etc. Aus dem weltlichen Bereich sind es v.a. Besteckteile, Tafelaufsätze, Tee-, Kaffee- und Schokoladekannen etc., Pokale, Becher, aber auch Schmuck, Skulpturen und Möbelbeschläge.

Eigenschaften

Objekte aus Silber und vergoldetem Silber sind relativ weich und ihre Oberflächen haben die Tendenz, unter der Einwirkung von Luftschadstoffen und der Berührung mit bloßen Händen (Hautausdünstungen) schnell anzulaufen.

Vorbereiten

Viele Objekte bestehen aus mehreren, oft verschraubten Teilen (z.B. Leuchter, Kelche und Monstranzen). Ziehen Sie Verschraubungen mit Gefühl, aber fest an. Falls dazu jedoch Werkzeuge notwendig sind, lassen Sie diese Arbeiten durch einen Konservator/Restaurator ausführen, der über die entsprechenden Werkzeuge und die notwendige Erfahrung verfügt. Unterlassen Sie es auf jeden Fall, verbogene oder eingedrückte Metallteile selber zurückzubiegen bzw. auszubeulen. Unterlassen Sie es, selber historische Schraubenmuttern zu ersetzen, da die Gewinde höchstwahrscheinlich nicht den heutigen Normen entsprechen und Schaden nehmen könnten.

Objekte wie z.B. liturgische Geräte oder Zunftsilber, welche nach wie vor im Gebrauch sind, sind vor dem Versorgen zu waschen und danach vollständig zu trocknen.

Handhaben

Verwenden Sie immer Handschuhe aus Baumwolle oder Kunststoff, wenn Sie Objekte aus Metall anfassen, um zu vermeiden, dass Fingerabdrücke hässliche und schädigende Spuren hinterlassen.

Griffe aus Holz, Horn und anderen Materialien sind oft nicht mehr stabil genug, das Gewicht des Objekts zu tragen. Halten Sie Objekte daher an der stabilsten Stelle und stützen Sie das Objekt mit der anderen Hand. Sichern Sie gegebenenfalls lose Teile wie z.B. Dosendeckel oder Kelchpatene. Bedenken Sie, dass emaillierte Objekte wegen der geringen Haftung zwischen

Glas und Metalluntergrund besonders stoß- und erschütterungsempfindlich sind und daher mit äußerster Sorgfalt behandelt werden müssen.

Transportieren

Transportieren Sie Objekte möglichst in ihrem Futteral, oder falls nicht vorhanden, in säurefreies Seidenpapier eingeschlagen und mit Polyethylenschaum- oder Luftpolsterfolie gepolstert in einem festen Transportbehälter.

Tipp: *Mit Styroporkügelchen gefüllte Transportkissen aus Trikotschlauch schmiegen sich den Objekten ideal an und ergeben eine gute Polsterung und Sicherung für nach der Kiwi-Methode verpackte Objekte in Transportbehältern.*

Lagern/Schützen

Halten Sie möglichst Staub und Luftschadstoffe von den Objekten fern, indem Sie diese möglichst verpackt aufbewahren. Verwenden Sie die dazugehörigen Futterale, sofern diese nicht selbst aus ungeeigneten Materialien (z.B. Spanplatten oder säurehaltiger Karton) bestehen, welche die Oberflächenoxidation beschleunigen. Eine andere Möglichkeit besteht in der Aufbewahrung in einer Deckelschachtel aus säurefreiem Karton oder geeignetem Kunststoff. Reichliches Einwickeln in ein säurefreies Seidenpapier oder besser noch in ein Silberschutztuch verringert den Kontakt mit aggressiver Umgebungsluft und verlangsamt die Oxidation. Vermeiden Sie unbedingt den Kontakt oder die Nähe zu Wolltüchern oder Wollfilzen, da Wolle Schwefelverbindungen enthält, welche eine Oxidation begünstigen.

Achten Sie darauf, dass sich verschiedenartige Metalle nicht berühren, um galvanische Reaktionen zu vermeiden. Bewahren Sie keine Metallobjekte auf unbehandelten oder verzinkten Metallregalen bzw. in Schränken aus stark säurehaltigem Holz auf (z.B. Eichenholz).

Schenken Sie auch der Sicherheit (Wertschutz) genügend Bedeutung, da derartige Objekte von Gelegenheitsdieben (oft fälschlich) als lohnende Beute betrachtet werden. Verwenden Sie z.B. in Sakristeien einen Tresor für die wertvollsten Objekte oder lagern Sie diese an einem anderen sicheren Ort.

Unedle Metalle

Definition

Viele kulturgeschichtliche Objekte v.a. des täglichen Gebrauchs sowie aus Industrie und Gewerbe bestehen aus unedlen Metallen wie Eisen, Kupfer, Zinn, Zink, Nickel, Chrom und Blei sowie deren Legierungen. Zinn und Kupfer sind relativ weich, während Eisen, Stahl und Chromstahl relativ hart sind.

Eigenschaften

Alle unedlen Metalle oxidieren unter der Einwirkung von Sauerstoff und Feuchtigkeit stärker als edle Metalle. Die oxidierten Oberflächen reichen farblich von rot-braun (Eisen, Kupfer) über gelblich-braun (Messing), Grün (Kupfer), grau (Zinn) bis zu schwarz (Eisen/Stahl). Die Oxidationsschicht kann je nach Material ein Schutz oder eine ernsthafte Bedrohung für das Objekt sein. Die fortschreitende Oxidation kann z.B. ein Eisenobjekt unter ungünstigen Umgebungsbedingungen in relativ kurzer Zeit vollständig zerstören.

Handhaben

Tragen Sie Handschuhe, damit Hautausdünstungen die Oxidation der Objektoberfläche nicht beschleunigen.

Lagern

Bewahren Sie Objekte aus unedlen Metallen möglichst sauber und trocken auf. Achten Sie darauf, dass sich verschiedenartige Metalle nicht berühren, um galvanische Reaktionen zu vermeiden. Bewahren Sie keine Metallobjekte auf unbehandelten oder verzinkten Metallregalen auf und vermeiden Sie die Lagerung in Holzkästen, da Metalle unter dem Einfluss der im Holz enthaltenen Essigsäure zu Acetaten (z.B. Bleiacetat, Grünspan) korrodieren.

Schützen

Eisenobjekte sind oft mit einer Schutzschicht aus Farbe, Mennige oder Zink versehen, um sie gegen Rost zu schützen. Technische Geräte und Waffen sind in der Regel gefettet oder geölt. Achten Sie darauf, dass diese Schutzschichten nicht durch Bestoßungen beschädigt werden, da sich sonst darunter Rost bilden kann, der zum Abplatzen der Schutzschicht führt. Die Patina von Kupfer, Bronze, Messing, Zinn und Chromstahl bildet meistens eine gewollte Schutzschicht und sollte nicht entfernt werden. Bei Kupfer und Messing kann sich unter Umständen Grünspan bilden, der das Metall langfristig schwächt und deshalb entfernt werden sollte. Die Entfernung von Korrosion hat unbedingt durch einen erfahrenen Konservator/Restaurator bzw. unter seiner Anleitung und Aufsicht zu erfolgen.

→ 11 Münzen und Medaillen

Definition

Münzen sind mit Bildern, Zeichen und Buchstaben gekennzeichnete Metallstücke, die in der Regel einen garantierten Wert haben und dadurch als Zahlungsmittel dienen können. Medaillen hingegen sind kleinplastische Objekte (Kleinreliefs) von oft münzähnlichem Aussehen zur Erinnerung an Personen (z.B. Porträtmedaillen) und Ereignisse (z.B. Jubiläen, so genannte Gedenkmedaillen) oder auch zur Auszeichnung von Personen (z.B. Preismedaillen, Ehrenmedaillen). Münzen wie Medaillen wurden und werden heute noch geprägt oder gegossen.

Eigenschaften

Meistens handelt es sich um Objekte aus edlen und unedlen Metallen, welche in unterschiedlichen Erhaltungszuständen vorliegen können. Diese reichen bei Münzen von prägefrisch (stempelfrisch) bis stark abgegriffen oder gar korrodiert. Gerade bei Fundmünzen kann die Korrosion oder Verpappung mit Umgebungsmaterial so stark sein, dass das eigentliche Münzbild nicht mehr zu erkennen ist und bestenfalls durch den Konservator/Restaurator wieder erkennbar bzw. sichtbar gemacht werden kann.

Vorbereiten

Münzen und Medaillen dürfen nicht direkt mit Inventarnummern beschriftet werden, da dies ein Eingriff in die Bildintegrität wäre. Ausnahmen sind höchstens auf ungestalteten Rückseiten oder Rändern zulässig. Inventarnummern und Informationen zu Münzen und Medaillen werden auf die so genannten Münzkartons (Lagerkarton) bzw. Unterlagezettelchen in den Münzschächtelchen geschrieben. Unabdingbar sind nebst der Identifikation der Objekte die Erfassung ihres Materials, ihres Gewichtes mit mindestens zwei Stellen nach dem Komma und ihrer Größe (Durchmesser, Dicke). Zur weiteren Identifikation dienen auch aussagekräftige Dokumentationsfotos.

Handhaben

Betrachten/Handhaben Sie Münzen und Medaillen möglichst in ihren Münzkartons bzw. -schächtelchen (Lagerkartons). Fassen Sie das Objekt selber nie mit bloßen Händen an, sondern tragen Sie zum Schutz saubere Latex-Handschuhe oder Fingerlinge. Legen Sie die Objekte zur Betrachtung auf eine weiche Unterlage. Um Münzen und Medaillen mit/in Personengruppen (z.B. anlässlich von Führungen und Besprechungen) beidseitig betrachten zu können, eignen sich auch so genannte Münzkapseln oder Membranschachteln aus glasklarem Kunststoff, in welche die Objekte eingelegt werden und dadurch geschützt sind. Fingerabdrücke sind keine Bereicherung, sondern Beginn einer nicht rückgängig zu machenden Zerstörung nicht nur des Stempelglanzes bei prägefrischen Stücken! Als Werkzeuge für eine genauere Betrachtung sind ferner Lupe und Mikroskop sehr hilfreich.

Transportieren

Transportieren Sie Münzen und Medaillen stets in Schachteln mit formgerechten Einlagen (Membranschachteln, kleine Münzcouverts), und stellen Sie sicher, dass sich die Objekte während des Transports darin nicht bewegen/verschieben können. Achten Sie darauf, die Behältnisse/Schachteln während des Transports nicht zu stürzen.

Lagern

Die jeweils nur mit einer Münze bzw. Medaille belegten Münzkartons bzw. Münzschächtelchen werden in flache, nicht zu große Schubladen, vorzugsweise so genannte Münzladen, eingereiht. Lassen Sie Münzen nicht einzeln herumliegen und vermeiden Sie es, Münzen in Büchsen und Schachteln ungeordnet aufzubewahren. Von Münzalben aus Plastik ist wegen der im Plastik enthaltenen Weichmacher und dem schlechten Schutz der Münzen sehr abzuraten.

Vor Diebstahl schützen

Lassen Sie niemanden, auch Fachbesucher nicht, alleine mit den Objekten. Es wäre ein Einfaches, diese Kleinobjekte zu entwenden oder auszutauschen und ein Verlust würde unter Umständen erst viel später entdeckt.

→ 12 Siegel, Wachsbossierungen, Stempel und Petschaften

Definition

Die der Rechtsbekräftigung und Beglaubigung von Urkunden, aber auch dem Versieglen von Schriftstücken dienenden Siegel bestehen in der Regel aus einer im Gebrauchszustand gut formbaren Masse wie Siegellack, Wachs oder Blei. Sie sind oft direkt auf das Schriftstück aufgebracht oder mit Bändern und Schnüren an den Schriftstücken angehängt. Empfindliche Wachssiegel sind zudem oft von einer Siegelkapsel aus Holz geschützt. Urkunde bzw. Schriftstück bilden zusammen mit dem Siegel eine Einheit und sollten keinesfalls voneinander getrennt werden. Neben den Siegeln an Urkunden finden sich in Siegelsammlungen oft eine Vielzahl loser Siegel, aber auch Abformungen aus Siegellack, Gips, Schwefel und ähnlichen Materialien von Siegeln an Urkunden aus anderen Archiven.

Des Weiteren finden sich Siegelstempel, Siegelringe und Petschaften, welche dem Anfertigen der Siegel dienten. Sie bestehen in der Regel aus Metall oder Stein mit eingeschnittener Zeichnung und sind zum Teil kunstvoll als Ringe oder Schmuckstücke gefasst.

Wachsbossierungen sind Reliefs aus Wachs mit Abbildungen unterschiedlichster Art (z.B. so genannte »Agnus Dei«).

Handhaben

Da Siegel (wie auch die dazugehörigen Schriftstücke) sehr empfindlich sind, ist bei der Handhabung äußerste Sorgfalt geboten. Seien Sie daher zurückhaltend mit der Nutzung und Ausleihe von Originalen. Lassen Sie sich für die Ausleihe einzelner Siegel oder für didaktische Zwecke durch qualifizierte Fachkräfte Abformungen von den Originalen erstellen.

Vermeiden Sie, Urkunden vertikal zu halten, da in dieser Weise die z.T. recht schweren Siegel an den oft brüchigen Schnüren und Bändern an der Urkunde hängen und diese bzw. die Schriftstücke reißen könnten.

Transportieren

Transportieren Sie Urkunden mit Siegel immer liegend in einer geeigneten Schachtel und so, dass sie nicht herumrutschen können. Verpacken Sie lose Siegel und Siegelabdrücke, Wachsbossierungen, Petschaften etc. gut mit säurefreiem Seidenpapier oder Polyethylenschaumfolie gepolstert in kleinen Behältern. Kennzeichnen Sie die Transportgebinde, so dass allen Beteiligten eindeutig klar ist, wo oben und unten ist. Beharren Sie darauf, dass die Gebinde aufrecht transportiert werden.

Tipp: *Objekte aus Wachs (z.B. Agnus Dei, bestimmte Siegel, aber auch Fatschenkinder) werden bei Temperaturen über 25° C weich und unter Umständen klebrig, bei Kälte spröde. Vermeiden Sie es daher, derartige Objekte bei extremen Temperaturen zu handhaben und zu transportieren.*

Lagern

Lagern Sie Schriftstücke mit aufgebrachtem oder angehängtem Siegel möglichst einzeln flach liegend in archivechten Schachteln. Sorgen Sie dafür, dass das Siegel innerhalb der Schachtel nicht herumrutschen kann, indem Sie eine entsprechende Einlage anfertigen.

Lose Siegel und Siegelabformungen sowie Gemmen werden wie Münzen in entsprechenden Münzkartons oder in entsprechend kleinteilig unterteilten Schubladen oder Münzkästen aufbewahrt.

Lagern Sie Objekte aus Wachs kühl und staubfrei. Bewahren Sie Objekte aus Schwefel getrennt von anderen Beständen auf.

Vor Diebstahl schützen

Lassen Sie niemanden, auch Fachbesucher nicht, alleine mit den Objekten. Es wäre ein Einfaches, diese Kleinobjekte zu entwenden oder auszutauschen und ein Verlust würde unter Umständen erst viel später entdeckt.

Siehe auch Kapitel → *III.1 Werke aus Papier, Bücher, Archivalien, Werke aus Pergament*

→ 13 Archäologische Objekte

Definition

Archäologische Bestände umfassen Objekte und Überreste menschlicher Siedlungstätigkeit von der Urzeit bis in die Neuzeit. Das Spektrum umfasst organische Materialien wie Holz, Knochen, Leder, tierische und pflanzliche Fasern, aber auch anorganische Materialien wie Stein, Keramik, Glas, Metall etc.

Eigenschaften

Archäologische Objekte sind oft nur fragmentarisch erhalten und die genaue Dokumentation der Fundumstände (Ort, genaue Lage, Kontext etc.) ist ebenso wichtig wie die Objekte selbst. Achten Sie daher darauf, dass alle Objekte bzw. deren Lagerbehälter beschriftet sind, so dass sie auch später noch der zugehörigen Dokumentation zugewiesen werden können. Betrachten Sie Grabungs- und Objektdokumentationen unbedingt als Teil des Objekts und behandeln sie diese mit der gleichen Sorgfalt.

Archäologische Objekte lagen bis zu ihrer Ausgrabung in der Regel über lange Zeit z.T. im feuchten Erdreich, wobei sich ein Feuchtegleichgewicht zwischen Objekt und Erdreich eingestellt hat. Frisch ausgegrabene Objekte müssen zuerst an die neuen Umgebungsbedingungen akklimatisiert bzw. stabilisiert und konserviert werden. Dieser komplexe und z.T. aufwändige Prozess muss durch spezialisierte Konservatoren/Restauratoren erfolgen. Werden Objekte bei der Ausgrabung und nach der Bergung nicht korrekt behandelt, können sie innerhalb kürzester Frist unter dem Einfluss von Sauerstoff, Austrocknung und Licht vollständig zerfallen. Z.B. kann ein unsachgemäß behandelter Textilfund unter Umständen innerhalb von wenigen Stunden oder Tagen vollständig zerfallen und damit auch seine wertvolle Information verloren gehen.

Vorbereiten

Achten Sie darauf, dass archäologische Objekte in einem lagerfähigen Zustand eingelagert werden. Die Akklimatisierung an die Klimaverhältnisse, wie sie im Depot herrschen werden, muss abgeschlossen sein. Lassen Sie Objekte vor der Einlagerung durch einen Konservator/Restaurator begutachten, der Empfehlungen zur korrekten Verpackung und Lagerung abgeben kann.

Handhaben

Vermeiden Sie es, unkonservierte oder empfindliche Objekte zu bewegen. Tragen Sie Handschuhe oder Fingerlinge insbesondere bei solchen Objekten, welche schnell korrodieren (Metalle). Verschieben Sie Objekte stets auf einer Unterlage oder in einem Transportgebinde, statt sie einzeln herumzutragen. Bedenken Sie, dass archäologische Objekte oft nicht so stabil sind, wie sie den Anschein erwecken. Behandeln Sie diese dementsprechend vorsichtig.

Handhaben Sie Grabfunde, menschliche Relikte und Kultgegenstände mit der nötigen Ehrfurcht und im Bewusstsein, nicht die Gefühle anderer zu verletzen.

Transportieren

Transportieren Sie archäologische Objekte möglichst erschütterungsfrei und so, dass diese sich im Lager- oder Transportgebinde nicht verschieben können. Schneiden Sie z.B. Stützen aus geschäumtem Polyethylen, um fragile Objekte zu unterstützen, zu stabilisieren und zu fixieren. Bedenken Sie, dass die Objekte in der Regel nur nach zwei Seiten gesichert sind und daher Behälter nicht gekippt oder gestürzt werden dürfen. Kleinere, in sich stabile Objekte lassen sich mit Hilfe von mit Styroporkügelchen lose gefüllten Transportkissen aus Trikotschlauch für einen Transport sichern. Die Objekte werden in einem Transportbehälter auf die anschmiegsamen Kissen gelegt und mit einem weiteren Kissen bedeckt. Wenn die Objekte nicht zu schwer sind, lassen sich derart mehrere Schichten übereinander in einem Behälter sicher unterbringen. Vorsicht beim Auspacken, dass kein Objekt vergessen wird oder plötzlich herunterfällt.

Lagern

Lagern Sie zusammengehörende Fundkomplexe möglichst beieinander, außer wenn spezifische Materialgruppen unterschiedliche Aufbewahrungsbedingungen erfordern (z.B. organische Materialien und anorganische Materialien). Bei aus verschiedenen Materialien zusammengesetzten Objekten ist derjenige Kompromiss mit den geringsten Risiken für das Gesamtobjekt zu wählen. Überlassen Sie die Entscheidung, welcher von einer Vielzahl von Faktoren abhängt, Konservatoren/Restauratoren mit der nötigen Erfahrung.

Objekte aus unedlen Metallen und bestimmte Glassorten sind besonders anfällig für Korrosion (Rost, Grünspan, »Glaskrankheit«). Achten Sie darauf, dass diese Objekte möglichst trocken (möglichst unter 40 % RF) und kühl aufbewahrt werden. Dazu eignen sich gut schließende Frischhaltedosen aus Polyethylen, in denen die relative Feuchte mit Silica Gel aufrechterhalten werden kann. Verwenden Sie für kleine Objekte Schachteln (z.B. durchsichtige Deckelschachteln aus Polystyrol) und sorgen Sie dafür, dass die Objekte darin nicht herumrutschen können. Legen Sie dazu eine Schicht Polyethylenschaumfolie auf den Boden der Dose und als zweite Schicht eine formgerecht ausgeschnittene Einlage aus demselben Material. Eine derartige Verpackung eignet sich sowohl als Transportverpackung als auch als langfristige Lagerverpackung.

Objekte aus Stein (Bauteile, Grabsteine etc.) sollten möglichst vor Sonne, Wind und Wetter geschützt werden, um ein weiteres Verwittern der Oberfläche zu verlangsamen.

Organische Objekte (tierische und pflanzliche Materialien) sollten erst nach einer längeren Akklimatisierungsphase und nach einer eventuellen Konservierung definitiv eingelagert werden. Dabei ist darauf zu achten, dass im Depot konstante klimatische Bedingungen im Bereich von 40-60 % RF erreicht werden können.

Feuchtfunde (Objekte, welche bei der Ausgrabung feucht oder durchnässt sind) müssen bis zur Konservierung unbedingt kühl (idealerweise Kühlschranktemperatur) und feucht gelagert werden (möglichst in verschweißten Vakuumbeuteln). Das Gefrieren von Funden sollte unbedingt spezialisierten Konservatoren/Restauratoren überlassen werden. Kontrollieren Sie zudem regelmäßig die Objekte auf einen Schimmelpilzbefall. Unterlassen Sie es, verpackte Feuchtfunde aus Neugier auszupacken. Vermeiden Sie es aber ebenso, Feuchtfunde über Jahre unkonserviert aufzubewahren.

→ 14 Ton, Keramik, Porzellan, Hohlglas

Definition

Seit Jahrtausenden besteht eine Vielzahl von Küchen- und Vorratsutensilien sowie Geschirr aus gebranntem Ton, Porzellan und Glas. Auch viele Skulpturen bestehen aus Ton oder Porzellan, vom kleinen Figürchen oder Puppenkopf bis zu überlebensgroßen Büsten und Tieren. Eine besondere Gruppe umfasst die so genannte Baukeramik, bestehend aus Backsteinen, Ziegeln und Ofenkeramik.

Eigenschaften

Glasiertes Porzellan und Keramik sind relativ anspruchslos, solange sie sauber, möglichst staubfrei und trocken und nicht bei extremen Temperaturen bzw. Temperaturschwankungen aufbewahrt werden. Bestimmte Glassorten sind anfällig für die so genannte »Glaskrankheit«, eine Korrosion der Glasoberfläche, und erfordern ein sehr trockenes Klima.

Handhaben

Packen Sie Objekte stets auf einem Tisch oder am Boden aus und rechnen Sie damit, dass es mehrteilige Objekte sein könnten. Vorsicht v.a. mit mehrteiligen Objekten und losen Deckeln! Ergreifen Sie ein Objekt an der strukturell stärksten Stelle stets mit beiden Händen und keinesfalls nur an einem Griff, Henkel oder Fuß.

Vorbereiten

Verpacken Sie Einzelteile für den Transport Stück für Stück in säurefreies Seidenpapier. Vermeiden Sie es, bei fragilen Objekten wie z.B. Weingläsern die Verpackung zuzukleben, da beim Auspacken die Gefahr besteht, das Objekt zu zerdrücken. Vermerken Sie auf jedem Transportbehälter die Anzahl der darin enthaltenen Objekte und Einzelteile. Machen Sie speziell auf lose Teile aufmerksam. Sichern Sie die Objekte im Transportbehälter mit Polyethylenschaum- oder Luftpolsterfolie so, dass die Objekte gepolstert sind und sich nicht gegeneinander verschieben können. Für stabile Keramik eignen sich besonders mit Styroporkügelchen lose gefüllte Transportkissen aus Trikotschlauch. Diese Kissen dienen bei der so genannten Kiwi-Verpackung als anschmiegsame Auflage, Polsterung und Zwischenlage für die Objekte.

Transportieren

Benutzen Sie stabile, wenn möglich mit Deckel ausgerüstete Transportbehälter aus Kunststoff und vermeiden Sie Kartonschachteln, da diese zu wenig stabil sind und leicht eingedrückt werden könnten. Sichern Sie die Objekte so, dass sie im Behälter nicht verrutschen oder kippen können. Bezeichnen Sie die Behälter gut sichtbar mit »zerbrechlich« oder »fragile« sowie mit einer Angabe, wo oben ist. Handhaben Sie diese entsprechend und legen Sie größten Wert darauf, dass der Behälter aufrecht transportiert wird.

Lagern

Lagern Sie Objekte aus Porzellan, Keramik und Glas möglichst erschütterungsfrei, um ein »Wandern« der Objekte auf dem Regaleinlegeboden zu verhindern. Rollregale sind weniger geeignet, da die Bewegungen stets zu Erschütterungen führen. Achten Sie jedenfalls darauf, derartige Rollregale mit größter Sorgfalt zu verschieben und verwenden Sie Regalzubehör wie Seitenanschlag, Anschlagprofil, Einlegebodenanschlag, damit die Objekte nicht herausfallen können. Verwenden Sie eine rutschfeste Unterlage, um die Objekte darauf zu stellen (z.B. Plastazote ®). Stapeln Sie Teller bis zu einer Maximalhöhe von sechs Stück und legen Sie jeweils ein weiches, säurefreies Papier oder Polyethylenschaumfolie als Schutz zwischen die einzelnen Teller. Vermeiden Sie es, Tassen und Gläser zu stapeln, da sie sich verkanten können und der Dekor beschädigt werden könnte.

Schützen

Schützen Sie Keramik und Glas vor Staub und Schmutz, um allzu häufige Reinigungen zu vermeiden.

→ 15 Glasmalerei, »Kabinettscheiben«, Schliffscheiben

Definition

Glasgemälde bestehen aus dünnen farbigen und farblosen Glasstücken, die meist mittels Bleiruten zusammengesetzt und teilweise mit Schwarzlot und Silbergelb seit dem 16. Jh. auch mit anderen eingebrannten Farben bemalt sind. Bei so genannten Schliffscheiben sind die Verzierungen eingeschliffen, zuweilen auch mehrschichtige Gläser durch Ausschleifen der einen Schicht ornamental verziert. Vielfach sind die Gläser in stabilere Metallrahmen eingelötet oder mit Holzrahmen eingefasst.

Eigenschaften

Vor allem gealtertes Glas ist sehr anfällig für zu tiefe oder zu hohe Feuchtigkeit, Klimaschwankungen und Luftschadstoffe. Die Folge ist die chemisch-physikalische Zersetzung des Glases und der Bemalung (Verbräunung, Lochfraß, Schwarzlotverlust etc.).

Handhaben

Die Verbleiung von Glasgemälden ist relativ weich, wodurch die Objekte in sich instabil sind, wenn sie keinen stabilisierenden Rahmen haben. Glasmalereien bedürfen deshalb besonderer Handhabungstechniken und sollten möglichst selten und von einem Glasmalerei-Konservatoren/Restauratoren bewegt werden. Man transportiert sie entweder aufrecht stehend (nie schräg) oder flach liegend auf einer stabilen Unterlage.

Vorbereiten

Lassen Sie verformte Glasgemälde, solche mit Sprüngen im Glas oder schadhafter Verbleiung durch spezialisierte Konservatoren/Restauratoren für Glasmalerei gemäß den internationalen Richtlinien des Corpus Vitrearum/ ICOMOS behandeln. Betrachten Sie die Verbleiung als integralen Bestandteil des Objekts.

Lagern

Sorgen Sie für gleichbleibende Umgebungsbedingungen. Lagern Sie Glasgemälde entweder gerade stehend (wenn sie stabil und nicht zu groß sind) oder flach liegend und nicht übereinander gestapelt. Für kleinere Objekte eignen sich so genannte Grafikschränke mit flachen Schubladen. Damit sie zum Betrachten nicht bewegt werden müssen, haben sich auch spezielle Schubladen mit Böden aus Glas oder transparentem Kunststoff bewährt. Dadurch kann eine Schublade herausgezogen und von unten beleuchtet werden. Lagereinrichtungen aus Holz können wegen der von vielen Hölzern und Klebstoffen abgegebenen Säuren schädlich sein (Korrosion der Bleie und Gläser).

Transportieren

Lassen Sie einen Konservator/Restaurator entscheiden, ob ein Objekt transportfähig ist, wie es transportiert werden soll, und übergeben Sie ihm die Handhabung. In der Regel benutzen Sie stabile Transportbehälter mit Unterteilungen, in denen sich die Glasgemälde stehend wie in einen Buchschuber einschieben und fixieren lassen. In gewissen Fällen kann die flache, auf der ganzen Fläche sorgfältig gepolsterte und abgestützte Lagerung zweckmäßiger sein. Transportieren Sie den Behälter möglichst erschütterungsfrei, indem Sie diesen auf vibrationsdämpfendes Moosgummi stellen. Achten Sie darauf, dass die Glasflächen beim aufrechten Transport parallel zur Fahrtrichtung zu stehen kommen. Beschriften Sie den Transportbehälter gut sichtbar mit »Vorsicht Glas«, »zerbrechlich« etc. und kennzeichnen Sie deutlich, wo oben ist. Beharren Sie darauf bzw. kontrollieren Sie, dass die Kisten aufrecht transportiert werden.

Vermeiden Sie größere Klimaschwankungen unbedingt auch während des Transports, um zu verhindern, dass Feuchtigkeit an der Glasoberfläche kondensiert. Hohe Temperaturen sind zudem eine Gefahr für die Stabilität der Verbleiung.

→ 16 Technisches Kulturgut – Industrielles Kulturgut, Maschinen, Werkzeuge, Waffen, Uhren, wissenschaftliche Instrumente

Definition

Technisches Kulturgut umfasst sowohl größen- als auch materialmäßig ein außerordentlich breites Spektrum. Die meisten Geräte hatten eine Nutzungsfunktion in einem Prozess wie z.B. der Produktion, dem Transport oder der Verteidigung.

Unter Großgeräten sind größere Maschinen, Fahr- und Flugzeuge sowie größere Utensilien aus Landwirtschaft und Militär zusammengefasst. Diese können mobil sein, aber auch umfangreiche ortsfeste Maschinen werden dazugerechnet und im Extremfall ein gesamter Industriekomplex wie z.B. eine Eisenverhüttungsanlage.

Kleinere Objekte umfassen Werkzeuge, Uhren, wissenschaftliche Mess-, Beobachtungs- und Versuchsapparaturen sowie Zeitmessgeräte von der Turmuhr bis zur zierlichen Armbanduhr. Das klassische Sammelgebiet der Waffen und Militaria umfasst alle Arten von Lang-, Stich- und Schusswaffen, aber auch komplexere Kriegsgeräte wie Kanonen, motorisierte Geschütze, Panzer etc.

Eigenschaften

Bestanden bis ins frühe 20. Jh. die meisten Apparate und Maschinen überwiegend aus einer Kombination von Metallteilen, Holz, Leder und Stoff, so änderte sich dies mit der Einführung der ersten Kunststoffe. Im ausgehenden 20. Jh. haben Kunststoffe in diesem Bereich die bisherigen organischen Werkstoffe fast gänzlich verdrängt.

Mit der Einführung der hochintegrierten und programmierbaren Elektronik gewinnt zudem die so genannte Software an Bedeutung. Geräte, Maschinen und Fahrzeuge sind nun vielfach nur noch in Kombination zwischen dem eigentliche Gerät (Hardware) und den dazugehörigen Programmen (Steuersoftware) funktionsfähig. Je komplexer die Funktion eines Geräts ist, desto wichtiger ist es, dass die Funktionsweise des Geräts z.B. in einer Betriebsanleitung bzw. einer Beschreibung (Text, Bild, Ton) dokumentiert ist.

Beschriften

Beschriften Sie alle Teile eines Objekts inkl. Zubehör, Betriebsanleitung und Verpackung mit Haupt- und Unternummern. Nur so können auch in Zukunft Zusammenhänge zwischen einzelnen Objektteilen bzw. die Funktion und

Handhabung der Objekte nachvollzogen werden. Etikettieren Sie große Objekte an mehreren Stellen, damit Sie das Objekt rasch identifizieren können.

Vorbereiten

Fixieren Sie bewegliche Teile wie Pendel oder Uhrgewichte oder demontieren Sie diese, falls dies einfach und ohne Kraftanwendung möglich ist. Zerlegen Sie die Objekte möglichst nicht und wenn, dann nur unter fachkundiger Anleitung oder wenn Sie selber über die notwendigen Fachkenntnisse verfügen. Fertigen Sie genaue Skizzen und Beschreibungen an, damit das Objekt später wieder fachgerecht zusammengebaut werden kann (z.B. welches Uhrgewicht zu welcher Kette gehört).

Handhaben

Tragen Sie wenn immer möglich Handschuhe aus Vinyl, Nitril oder Latex um zu verhindern, dass durch Hautschweiß die Korrosion von Objektteilen verstärkt wird bzw. damit diese nicht mit ungenau bekannten Substanzen in Kontakt kommen. Vermeiden Sie auf jeden Fall die Berührung optischer und elektronischer Bauteile. Prüfen Sie ein Objekt, bevor Sie es bewegen, auf seine Stabilität. Ergreifen Sie das Objekt an der stabilsten Stelle mit beiden Händen oder im Falle von größeren Objekten mit weiteren Personen oder Hilfsmitteln (Hebegurte, Hebekissen, Hebekran etc.). Unterstützen Sie ein kleineres Objekt mit der einen Hand und stabilisieren Sie es mit der anderen, statt es z.B. an einem Griff anzuheben. Bewegen Sie Objekte möglichst in Originalposition aufrecht stehend, um zu verhindern, dass z.B. Öl, Wasser oder Benzin auslaufen. Seien Sie besonders vorsichtig mit Objekten wie Thermo- oder Barometer, die Quecksilber enthalten. Entweicht Ihnen Quecksilber, so setzen Sie sich bitte unverzüglich mit einer Fachstelle in Verbindung, um die notwendigen Maßnahmen zu treffen.

Tipp: *Für ölige und fettige Maschinen sind lösungsmittelbeständige Handschuhe notwendig, wie sie im Autoreparatur-Werkstätten verwendet werden.*

Fassen Sie Taschenuhren tangential an und drücken Sie keinesfalls auf den Sprungdeckel oder das Glas, da Sie dadurch riskieren, das Uhrglas und/oder die Emailverzierungen zu beschädigen.

Benutzen

Benutzen Sie keine noch funktionsfähigen Geräte z.B. als Werkzeuge, Beleuchtung oder Heizkörper im Museum oder Depot. Die meisten Geräte lassen sich ohne Kraftanwendung in Betrieb setzen. Unterlassen Sie es daher, mit Gewalt etwas zu öffnen oder in Bewegung zu setzen. Setzen Sie Geräte aller Art nur nach vorheriger Prüfung und Freigabe durch eine Fachperson in Betrieb. Ziehen Sie Uhrwerke vorsichtig auf.

Inbetriebsetzen

Die Inbetriebsetzung von technischem Kulturgut sollte nur in museal oder konservatorisch begründeten Fällen und durch den entsprechenden Spezialisten und nach durchgeführter Wartung erfolgen. Für Waffen gelten zudem die einschlägigen gesetzlichen Bestimmungen.

Verpacken

Verpacken oder sichern Sie technisches Kulturgut aller Art für den Transport. Verpacken Sie saubere, kleinere Objekte mit einer Lage säurefreiem Seidenpapier, sodann mit Polyethylenschaum- oder Luftpolsterfolie. Jede Verpackungsschicht ist gleichzeitig auch ein Klimapuffer und dämpft Erschütterungen. Dies spielt speziell bei Verbundmaterialien eine Rolle wie z.B. bei emailliertem Metall, das sehr empfindlich auf die Veränderung von Feuchte und Temperatur sowie Schläge reagiert. Achten Sie beim Verpacken speziell darauf, bewegliche Teile zu sichern.

Originalverpackung

Originale Futterale, Hüllen und Verpackungen sind als Schutz des Objektes gedacht. Verwenden Sie diese weiter, sofern von deren Material keine schädigende Wirkung auf das darin enthaltene Objekt ausgeht. Handhaben Sie originale Verpackungen mit der gleichen Sorgfalt wie das darin enthaltene Objekt.

Kennzeichnen

Kennzeichnen Sie das verpackte Objekt außen bezüglich Inhalt, Anzahl der Einzelteile sowie bei größeren Objekten nach Möglichkeit mit der Gewichtsangabe, damit die Person, die den Gegenstand auspackt, weiß, womit sie es zu tun hat.

Transportieren

Transportieren Sie Objekte angemessen verpackt und vor Witterung geschützt. Verschieben Sie größere Geräte bis zu einer Standfläche von maximal 80 x 120 cm möglichst auf Europaletten. Sichern Sie die Objekte mit Gurten oder Polyesterbändern auf der Palette. Achten Sie dabei darauf, die Kanten, über welche Bänder und Gurte geführt sind, mit Kartonwinkeln zu schützen, damit Gurte und Bänder nicht einschneiden und das Objekt beschädigen können.

Kleinere Objekte können in Transport- oder Lagerbehältern (z.B. Stapelbehälter) verschoben werden. Dabei eignet sich für umfangreiche Bestände mit Vorteil die so genannte Kiwi-Verpackung.

Größere Maschinen, Kutschen und andere Fahrzeuge müssen oft mit speziellen Fahrzeugen oder Tiefladeanhängern transportiert werden. Vermeiden Sie es, historische Fahrzeuge (z.B. Kutschen) auf ihren eigenen Rädern über längere Strecken zu bewegen.

Transportieren Sie auch große Objekte vor Sonne und Witterungseinflüssen geschützt in geschlossenen Fahrzeugen mit Kastenaufbauten, in LKWs mit Planenverdeck (schlechter) oder bedecken Sie diese mindestens mit einer Plane (am schlechtesten).

Lagern

Belassen Sie grundsätzlich nie historische Objekte am Stromkreis angeschlossen. Achten Sie darauf, Geräte, zugehörige Kabel, Betriebsanleitung und originale Verpackung möglichst als Einheit zu sehen. Werden diese aus konservatorischen Gründen getrennt voneinander aufbewahrt, ist es sinnvoll, jeweils auf die zugehörigen, aber andernorts gelagerten Bestandteile wie z.B. eine Betriebsanleitung hinzuweisen. Bewahren Sie zusammengehörige Objekte (z.B. eine Werkstatt- oder Produktionsausrüstung) wenn möglich zusammen auf.

Achten Sie darauf, dass dicht verschließbare Hohlräume wie z.B. ein

Kühlschrank genügend belüftet werden, indem Sie verhindern, dass die Türe zufällt.

Batterien

Werden Batterien nicht gebraucht, besteht die Gefahr, dass auslaufende Säure das Gerät beschädigt. Entfernen Sie daher Batterien und Akkus aus elektrischen und elektronischen Geräten und bewahren Sie diese getrennt vom Gerät kühl und trocken auf. Betrachten Sie jedoch auch diese Teile als Bestandteil des Objekts, selbst wenn sie nicht mehr funktionstüchtig sind.

Software

Stellen Sie sicher, dass gegebenenfalls auch die Software unter geeigneten Bedingungen aufbewahrt wird. Dabei ist zu beachten, dass auf einem Datenträger gespeicherte Informationen (Daten, Programme) sporadisch aufgefrischt bzw. umkopiert werden müssen, um funktionstüchtig zu bleiben. Dokumentieren Sie u.a. auch, welche Hardware und Software zur Herstellung der Disketten/CDs/DVDs etc. verwendet wurden.

Siehe auch das Kapitel → *III.18 Technisches Kulturgut – Audio/Video/Datenträger*

Waffen und Munition

Waffen sind grundsätzlich nach den gesetzlichen Vorschriften aufzubewahren. Stellen Sie sicher, dass Waffen entladen sind. Verschlüsse und Magazine sind zudem sicher und von den Waffen gesondert zu lagern. Die Aufbewahrung noch funktionstüchtiger Munition in Depotbeständen ist grundsätzlich untersagt.

Wegrollen

Sichern Sie Objekte bzw. Teile davon, welche wegrollen könnten, durch geeignete Lagereinrichtungen, Unterstützungen, Keile oder indem Sie sie in einem geeigneten Lagerbehälter aufbewahren.

Fahrzeuge

Vermeiden Sie es, Kutschen, Autos, Motorräder, Fahrräder, Kinderwagen etc. in der Federung hängend aufzubewahren. Federung und Reifen können dadurch beschädigt werden. Unterstützen Sie die Fahrzeuge an geeigneten Stellen (z.B. unter der Achse oder an speziell dafür vorgesehenen Punkten), damit Federungen, Räder, Reifen etc. entlastet sind.

Faltverdecke

Besprechen Sie mit dem Konservator/Restaurator, ob Faltverdecke, die oft aus Wachstuch oder mit Ölfarbe wasserabweisend ausgerüsteten Textilien bestehen, offen, geschlossen oder teilweise geschlossen aufzubewahren sind. Dies hängt weitgehend von ihrem Erhaltungszustand ab, wobei geschädigte Teile in der Regel nicht gespannt werden sollten.

Technische Flüssigkeiten

Klären Sie ab, welche Flüssigkeiten (z.B. Benzin, Kühlöl, Wasser, Bremsflüssigkeit etc.) besser abzulassen sind bzw. welche aus konservatorischen Gründen sinnvollerweise zu belassen sind. Beobachten Sie Ölflecken unter Maschinen und Fahrzeugen und fangen Sie herabtropfendes Öl gegebenenfalls in einer Schale auf.

Außenaufstellung

Schützen Sie außerhalb eines Gebäudes aufgestellte Objekte aller Art vor Witterung (v.a. Nässe und direkter Sonneneinstrahlung) und vermeiden Sie wenn möglich eine ungeschützte Aufstellung unter freiem Himmel. Ist dies unumgänglich, sorgen Sie dafür, dass die Objekte nicht von Pflanzen überwuchert werden oder im Schatten von Bäumen stehen. Stellen Sie Objekte so auf, dass sich kein Wasser sowie kein Laub und Schmutz in Mulden, Senken und Rohren sammeln kann. Reinigen Sie derartige Vertiefungen regelmäßig. Versehen Sie frei stehende Objekte zur Überwinterung mit einem Witterungsschutz z.B. in Form eines Holzverschlags mit dichtem Dach (wie bei im Freien aufgestellte Skulpturen).

Beobachten Sie diese Objekte besonders genau auf fortschreitende Korrosion und kontaktieren Sie frühzeitig einen Konservator/Restaurator, um geeignete Maßnahmen zu treffen.

Staubfreie Umgebung

Sorgen Sie im Depot für eine möglichst staubfreie Umgebung. Verwenden Sie gegebenenfalls Abdeckungen aus Kunststoff, um die Objekte vor Staub zu schützen. Verpacken Sie Objekte jedoch nur dann dicht in Plastik, wenn Sie ein optimales und stabiles Klima sicherstellen können, bei welchem die Bildung eines Mikroklimas zwischen Hülle und Gerät ausgeschlossen ist, und wenn keine Zersetzung des Plastiks durch Öle und Fette zu erwarten ist.

Siehe auch Kapitel → *III.18 Audio/Video/Datenträger*

→ 17 Technisches Kulturgut – Elektromechanische und elektronische Apparate

Definition

Im Verlaufe des 20. Jh.s wurden eine Vielzahl von elektrisch betriebenen Geräten und Maschinen entwickelt, welche heute aus dem Alltag nicht mehr wegzudenken sind. Waren es anfänglich v.a. Beleuchtung und elektromechanische Geräte wie Motoren, Maschinen, Heizlüfter, Toaster, Föhn etc., kamen ab dem zweiten Viertel des 20. Jh.s auch Radio und Plattenspieler sowie nach dem 2. Weltkrieg das Fernsehen und elektronische Ton- und Bildaufzeichnung hinzu. Einen weiteren Entwicklungsschritt brachte die Miniaturisierung elektronischer Bauteile und die Möglichkeit der Gerätesteuerung durch Programme (Software) in der zweiten Hälfte des 20. Jh.s Im letzten Viertel des 20. Jh.s gewann durch die Digitaltechnik auch die Informationstechnologie (Computer, Mobiltelefone, Ton- und Bildverarbeitung etc.) immens an Bedeutung.

Eigenschaften

Elektrische und elektronische Geräte können nur funktionieren, wenn sie über das Netz bzw. über Batterien oder Akkus mit Strom versorgt werden. In funktionsfähigem Zustand sind diese Geräte daher unter Spannung und mit entsprechender Vorsicht zu handhaben. Um Kurzschlussgefahr vorzubeugen, sind Feuchtigkeit und Nässe unbedingt zu vermeiden.

Die meisten elektrischen Geräte bestehen aus einem Materialmix, wobei im Verlaufe des 20. Jh.s durch Verwendung von Kunststoffen der Metallanteil zusehends verringert und Holz fast gänzlich ersetzt wurde.

Handhaben

Ältere Elektrogeräte sind aus heutiger Sicht teilweise so mangelhaft konstruiert, dass sie den heutigen Sicherheitsvorschriften oft nicht mehr entsprechen. Z.T. lassen sie sich daher an einem mit einer Fehlerstromsicherung (FI) abgesicherten Stromnetz nicht mehr betreiben. Schließen Sie Geräte nur nach vorheriger Prüfung bzw. unter Wahrung einschlägiger Sicherheitsmaßnahmen an den Stromkreis an und betreiben Sie Geräte nie unbeaufsichtigt. Nutzen Sie historische Geräte nicht außerhalb von Ausstellungen oder Vorführungen (z.B. zum Temperieren oder Beleuchten eines Depots). Dies wäre sicherheitstechnisch und nach den Richtlinien von ICOM nicht vertretbar.

Ziehen Sie den Stecker aus der Steckdose und vermeiden Sie es, am Kabel zu zerren, um den Stecker herauszuziehen.

Unterlassen Sie es, Geräte zu demontieren, wenn Sie nicht über das notwendige Fachwissen und die notwendigen Werkzeuge und Einrichtungen verfügen. Berühren Sie keine elektrischen oder elektronischen Bauteile (auch nicht, wenn diese nicht am Stromkreis angeschlossenen sind!). Statische Entladungen können für Menschen gefährlich sein, vermögen jedoch auch die empfindlichen elektronischen Bauteile zu zerstören.

Transportieren

Benutzen Sie zur Aufbewahrung und zum Transport möglichst die originale Verpackung, vorausgesetzt, diese schädigt das Objekt nicht selbst in irgendeiner Form (z.B. durch säurehaltigen Karton oder zersetzte Schaumstoffe). Transportieren Sie Objekte in stabilen Behältern und schützen Sie erstere mit Polyethylenschaum- oder Luftpolsterfolie.

Vorbereiten zur Lagerung

Bestimmte Geräte wie Computer sind im Innern zur Schalldämpfung mit Schaumstoffen ausgestattet, welche langfristig wenig haltbar sind, zerbröseln und zu Problemen führen können. Kontrollieren Sie periodisch den Zustand dieser Schaumstoffe und konsultieren Sie einen Konservator/Restaurator, wenn Sie sehen, dass diese Teile sich zu zersetzen beginnen.

Bedienungsanleitungen

Bedenken Sie, dass die Funktion elektrischer und elektronischer Geräte mit zunehmender Komplexität nicht mehr selbsterklärend ist. Zubehör, Bedienungsanleitungen, Software und zugehörige Datenträger sind daher integrale Bestandteile dieser Objekte, ohne welche sie oft nicht betrieben werden können.

Bei elektronischen Geräten ist zu bedenken, dass die Grundeinstellungen auf Geräteebene (z.B. BIOS bei Computern) in einem flüchtigen Speicher abgelegt sind, der durch eine Knopfzellenbatterie gestützt wird. Fällt die Batterie aus, gehen auch diese Grundinformationen verloren und das Gerät lässt sich nicht wieder starten. Achten Sie daher darauf, solche Grundinformationen schriftlich zu dokumentieren und Vorkehrungen zu treffen, dass die notwendigen Unterlagen (z.B. Angaben zur Spannung der Stützbatterie) und Hilfsmittel (z.B. Boot-Diskette) vorhanden und gewartet sind, um ein Gerät zu einem späteren Zeitpunkt gegebenenfalls wieder in Betrieb nehmen zu können.

Lagern

Um die Gefahr eines Kurzschlusses auszuschließen, sind die Geräte stets vom Netz getrennt zu lagern. Batterien und Akkus sind sinnvollerweise aus den Geräten herauszunehmen und getrennt aufzubewahren, da Säure auslaufen und dabei die Geräte beschädigen könnte. Werfen Sie diese jedoch keinesfalls weg, auch wenn sie nicht mehr funktionsfähig sind. Sie sind Teil des Objekts.

Grundsätzlich gilt, dass elektrische und elektronische Geräte kühl und trocken aufzubewahren sind, um die Korrosion möglichst zu vermeiden. Achten Sie darauf, die Geräte vor Staub geschützt aufzubewahren, da dieser nur mit Mühe wieder aus dem Innern der Geräte zu entfernen ist und eventuell deren Funktion beeinträchtigen kann. Beobachten Sie v.a. Geräteteile aus Kunststoff auf Veränderungen und achten Sie darauf, dass sich zersetzende Materialien durch einen Konservator/Restaurator begutachtet werden und andere Objekte nicht berühren und diese beeinträchtigen können.

Siehe auch das Kapitel → *III.18 Technisches Kulturgut – Audio/Video/Datenträger*

→ 18 Technisches Kulturgut – Audio, Video, Datenträger

Definition

Erste Verfahren zur (mechanischen) Tonaufzeichnung bedienten sich sehr empfindlicher, mit Wachs oder Celluloid beschichteter Platten und Trommeln. Dauerhafter waren Schallplatten aus Schellack und später Vinyl. Ein anderes Verfahren zur Aufzeichnung von Ton (Audio), Bild (Video) und Daten bedient sich magnetisierbarer Bänder auf der Basis von Celluloseacetat und Polyester. Nach einem ähnlichen Grundprinzip arbeiteten Computerdisketten. Die jüngste Entwicklungen betreffen die digitale Aufzeichnung auf Kunststoffträgern mittels optischer Techniken wie Laserstrahlen (CD-ROM, DVD).

Eigenschaften

Allen Audio-, Video- und Datenträgern ist gemeinsam, dass sie gegen Staub, Hitze, Luftfeuchtigkeit, Licht und mechanische Beschädigung äußerst empfindlich sind. Magnetbänder und Disketten sind zudem empfindlich gegen Entmagnetisierung durch Magnete bzw. Magnetfelder, Hitze und Fallen lassen.

Beschriften

Beschriften Sie allenfalls die Datenträgerhülle oder fertigen Sie eine zusätzliche Hülle aus archivtauglichem Material an. Verwenden Sie wenn möglich keine, ansonsten nur für die Archivierung geeignete Klebeetiketten. Beschriften Sie Datenträger, welche sich im Betrieb mit hoher Geschwindigkeit drehen (z.B. CD-ROM), nicht mit Klebeetiketten, da dies eine Unwucht erzeugen kann, welche bei hohen Drehgeschwindigkeiten zur Zerstörung des Datenträgers oder sogar des Abspielgeräts führen kann.

Handhaben

Halten Sie Tonträger in Hüllen so, dass diese beim Handhaben nicht aus der Hülle fallen können.

Vermeiden Sie es, die empfindliche Oberfläche (Walze, Schallplatte, Band, CD etc.) zu berühren und handhaben Sie die Objekte stets mit Handschuhen. Ergreifen Sie Schallplatten und CDs stets mit einem oder zwei Fingern im Zentrum und mit dem Daumen am Rand bzw. mit beiden Händen.

Schellackplatten sind äußerst zerbrechlich und druckempfindlich. Handhaben Sie daher keine großen Stapel.

Achten Sie darauf, dass Magnetbänder sauber und ohne Unregelmäßigkeiten aufgespult bzw. vollständig zurückgespult sind. Lassen Sie mangelhaft aufgespulte Bänder auf geeigneten Geräten (nicht auf Museumsstücken) umspulen.

Lagern

Bedenken Sie, dass dicht gelagerte Datenträger zu einer hohen Bodenbelastung führen. Stellen Sie sicher, dass die Bodenbelastung im entsprechenden Raum oder Gebäudeteil ausreicht und die Lagereinrichtungen stabil genug sind.

Achten Sie auf eine kühle und trockene Lagerung und vermeiden Sie es, Datenträger jedwelcher Art direkter Sonnenbestrahlung auszusetzen oder sie in der Nähe von Heizkörpern aufzubewahren. Große klimatische Schwankungen sollten unbedingt vermieden werden, um die Bildung von Kondenswasser zu verhindern. Lagern Sie Magnetbänder und Disketten nicht in der Nähe von starken Magnetfeldern (z.B. von Lautsprechern, Monitoren und anderen elektrischen Apparaten etc.).

Lagern Sie Datenträger in originalen Hüllen, sofern deren Material nicht den Datenträger selbst beeinträchtigt. Verwenden Sie gegebenenfalls neue, für Datenträger geeignete, alterungsbeständige Schutzhüllen. Betrachten Sie jedoch originale Hüllen (z.B. von Schallplatten) unbedingt als Bestandteil des Objekts. Versehen Sie diese ebenfalls mit einer Inventarnummer und bewahren Sie sie auf.

Lagern Sie Schallplatten auf der Kante stehend und achten Sie darauf, dass sie nicht schräg stehen. Sorgen Sie dafür, dass die Platten alle 10-15 cm durch eine vertikale Unterteilung des Fachs gestützt werden. Kassetten aller Art sollten aufrecht wie ein Buch in der Hülle gelagert werden, um eine Deformation des Mechanismus zu vermeiden, die es unmöglich machen würde, das Band erneut abzuspielen.

Erhaltung

Walzen und Schallplatten sollten möglichst selten und nur mit qualitativ hochwertigen Geräten (bzw. Tonabnehmernadeln) abgespielt werden. Lassen Sie die originalen Aufnahme auf einen modernen Tonträger überspielen, um den Inhalt einem breiteren Publikum zugänglich zu machen. Vermeiden Sie es, diese Überspielungen selber mit historischen Geräten aus der Sammlung zu machen, da deren Tonabnehmer häufig abgenutzt oder defekt sind und dadurch die Tonträger beschädigen könnten. Zudem ist das Resultat oft unbefriedigend. Magnetisierte Ton-, Video- und Datenbänder sowie Disketten haben die unangenehme Eigenschaft, sich im Verlaufe der Zeit zu entmagnetisieren, wodurch die Information verloren geht. Bänder und Disketten müssen daher alle 2-3 Jahre umkopiert bzw. die Magnetisierung aufgefrischt werden (refresh). Dies muss unbedingt durch den Spezialisten erfolgen, der über die entsprechenden Geräte verfügt.

Entgegen der weit verbreiteten Meinung sind CD-ROM und DVD *keine* geeigneten Datenträger für die Langzeitarchivierung, da sie ein perfektes Zusammenspiel von Datenträger und Abspielgerät voraussetzen, was langfristig selten der Fall ist.

Grundsätzlich ist es ebenso wichtig, die Abspielgeräte aufzubewahren und zu pflegen, wie die Datenträger selbst, denn die Inhalte und das Wesen eines Bild-, Ton- oder Datenträgers lassen sich nur mit dem entsprechenden Abspielgerät ergründen.

Wegwerfen

Werfen Sie keinesfalls zerschlissene Datenträgerhüllen mit Informationen zum Inhalt fort. Ersetzen Sie diese durch neue und bewahren Sie die alten zusammen mit dem Datenträger als integralen Bestandteil des Objekts auf. Übergeben Sie Datenträger, welche für Sie vermeintlich wertlos sind, weil Sie über kein Abspielgerät mehr verfügen, spezialisierten Institutionen, die über eine Erhaltung entscheiden. Für diese könnten sie von großem Wert sein.

→ 19 Kunst und technisches Kulturgut aus modernen Materialien

Definition

Unter modernen Materialien werden die unterschiedlichsten durch den Menschen synthetisch hergestellten Stoffe verstanden. Zu den daraus hergestellten Produkten gehören Kunstfasern ebenso wie Autostoßstangen, Plastiktüten, Spielzeug, Haushaltgeräte, Schallplatten, Behälter, Verpackungen usw. Viele Objekte der bildenden Kunst seit dem 20. Jh. bestehen ganz oder teilweise aus synthetischen Materialien. Die rasante Entwicklung moderner Materialien hat im letzten Viertel des 19. Jh.s begonnen. Seit dem 20. Jh. finden Kunststoffe mit den verschiedensten Eigenschaften in fast allen Lebensbereichen Verbreitung und ein Ende der Entwicklung ist nicht abzusehen.

Eigenschaften

Durch Mischung und Zusätze sowie durch raffinierte Herstellungsverfahren können Kunststoffe beinahe beliebige Eigenschaften annehmen. Je nach ihrer Zusammensetzung und Herstellungsweise sind sie mehr oder weniger beständig. Im Verlaufe ihrer Lebensdauer können sich ihre Eigenschaften z.B. durch Vernetzen (Polymerisieren), Aufspalten oder Verändern der Moleküle weiter verändern. Objekte können z.B. verspröden, klebrig werden, vergilben usw., wobei unter Umständen ursprünglich erwünschte Eigenschaften verloren gehen und neue, oft unerwünschte entstehen. Beim Zerfall werden z.T. Abbauprodukte freigesetzt, welche mit anderen Stoffen reagieren und diese unter Umständen schädigen können (z.B. Chlorverbindungen aus PVC). Viele Kunststoffe zersetzen sich unter der Einwirkung von Licht und UV-Strahlung, unter bestimmten Klimaverhältnissen oder durch Schadstoffe in der Umgebung besonders rasch.

Überwachen

Beobachten Sie Objekte aus modernen Materialien besonders aufmerksam. Auffällige Gerüche wie z.B. jener nach Essig beim Zerfall von Acetaten, aber auch das Klebrigwerden, Verspröden und Vergilben von Kunststoffoberflächen sind untrügliche Zeichen laufender Zerfallsprozesse und zeigen Handlungsbedarf an.

Beim Zerfall von Nitrocellulose, wie sie v.a. in Filmmaterial und Fotonegativen vor dem Zweiten Weltkrieg eingesetzt wurde, entstehen explosive und aggressive Gase. Überlassen Sie die Aufbewahrung von derartigem Material spezialisierten Institutionen, welche über geeignete gekühlte und explosionsgeschützte Lagermöglichkeiten verfügen.

Handeln

Das Ergreifen der richtigen Maßnahme im Schadensfalle erfordert genaue Kenntnisse der Materialien und der ablaufenden Prozesse. Sondern Sie Objekte mit Auffälligkeiten aus und überlassen Sie die Entscheidung, welche weiteren Maßnahmen zu treffen sind, einem in modernen Materialien spezialisierten Konservator/Restaurator.

Tipp: *Gealterter Schaumstoff ist oft nicht mehr elastisch und jede Berührung des Gegenstandes führt zu einem bleibenden Eindruck oder gar Loch in der Oberfläche. Lagern Sie derartige Objekte (am besten bereits bevor der Schaden eintritt) auf einer geeigneten Unterlage und bewegen Sie derartige Objekte nur durch Anfassen dieser Unterlage.*

Handhaben

Achten Sie darauf, Objekte, welche ganz oder teilweise aus Kunststoff sind, immer mit Handschuhen anzufassen, um die heikle Oberfläche nicht zu verschmutzen. Versprödete Objekte sind oft anfällig für Bestoßungen. Objekte mit Zerfallserscheinungen sollten vor einer Konservierung möglichst nicht mehr gehandhabt oder ausgestellt werden.

Lagern

Achten Sie auf eine möglichst staubfreie Umgebung, da viele Kunststoffe sich statisch aufladen und Staubpartikel anziehen bzw. der Staub an klebrig gewordenen Oberflächen festklebt und nicht oder nur mit großer Mühe wieder zu entfernen ist.

Lagern Sie Objekte aus Kunststoff bzw. mit Kunststoffteilen möglichst im Dunkeln und kühl. Vermeiden Sie (auch in Ausstellungen!) unbedingt, die Objekte der energiereichen UV-Strahlung auszusetzen, da dies den Zerfall massiv beschleunigen kann.

Sorgen Sie für genügend Abstand zwischen den einzelnen Objekten und legen Sie keine Kunststoffobjekte aufeinander, um eine gegenseitige Beeinträchtigung zu vermeiden.

Bewahren Sie die Verpackung von Objekten unbedingt auf, selbst wenn es sich zeigen sollte, dass aus konservatorischen Gründen das Objekt selber nicht darin aufbewahrt werden sollte (z.B. bei minderwertigen, säurehaltigen Kartons).

Verpacken

Verpacken Sie nur Objekte, welche keine klebrigen Oberflächen aufweisen. Gealterter Kunststoff ist oft spröde und besonders stoßanfällig. Derartige Objekte sind daher mit besonderer Vorsicht und mit einer guten Polsterung zu verpacken. Überlassen Sie im Zweifelsfalle die Verpackung einem Konservator/Restaurator.

Transportieren

Entgegen der weit verbreiteten Meinung, Objekte aus Kunststoffen seien robust und wenig heikel, ist beim Transport derartiger Objekte mit besonderer Vorsicht vorzugehen. Die Objekte sind sorgfältig vor Licht/UV, klimatischen Einwirkungen, Staub, Schmutz und Erschütterungen zu schützen. Gealterte Kunststoffe können unter Umständen bereits bei geringen Erschütterungen zerbrechen, rissig werden oder gar zerbröseln.

Anhang

→ Weiterführende Informationen zum Umgang mit Kulturgut

Webseiten (Stand: April 2003)

> **Eine aktualisierte Liste der Links im Internet sowie weitere Informationen befinden sich unter http://www.prevart.ch/handbuch.html**

Museum Handbook, National Park Services online (USA):
http://www.cr.nps.gov/museum/publications/index.htm

Preserving my Heritage/Préserver mon Patrimoine (CAN) mit verschiedenen Themen zur Handhabung und Lagerung von Kulturgut (in Französisch und Englisch):
englisch: http://www.preservation.gc.ca/index_e.asp
französisch: http://www.preservation.gc.ca/index_f.asp

Ressources (UK), hervorragende englische Website mit vielfältigen Informationen im Bereich Kulturgütererhaltung sowie mit viel grundlegendem Material zum Herunterladen und einer Fülle weiterer Links:
http://www.resource.gov.uk

Factsheets des Schottischen Museumsverbands (UK), mit verschiedenen Themen zur Handhabung und Lagerung von Kulturgut:
http://www.scottishmuseums.org.uk/information_services/publications/factsheets.asp

Henry Ford Museum & Greenfield Village, Caring for your artefacts:
http://www.hfmgv.org/research/cis/index.html

Conservation On Line (CoOL) (USA), *das* englischsprachige Internetportal als Zugang zu vielen konservierungsrelevanten Sites:
http://www.palimpsest.stanford.edu

Europäische Agentur für Sicherheit und Gesundheitsschutz am Arbeitsplatz: http://de.osha.eu.int (mit Zugang zu allen Länderseiten)

Schweizerische Unfall Versicherungs Anstalt (SUVA):
http://www.suva.ch

Als Portal zu Museen und Fragen der Museumsarbeit eignet sich die Website von **ICOM (International Council of Museums)** mit vielen Unter- und Ländergruppen: http://www.icom.org oder http://www.icom.museum
ICOM-Deutschland: http://www.icom-deutschland.de
ICOM-Österreich: http://www.austria.icom.museum
ICOM-Schweiz: http://www.icom-suisse.ch

Deutscher Museumsbund (DMB): http://www.museumsbund.de

Verband der Museen der Schweiz (VMS): http://www.vms-ams.ch

Kulturgüterschutz, Schweiz: http://www.kulturgueterschutz.ch

Konservatoren-/Restauratorenverbände, welche bei der Suche nach Fachspezialisten helfen können.

Deutschland: VDR, Verband deutscher Restauratoren:
http://www.restauratoren.de

Österreich: ÖRV, Österreichischer Restauratorenverband:
http://www.orv.at

Schweiz: SKR, Schweizerischer Verband für Konservierung und Restaurierung: http://www.skr.ch

Gedruckte Publikationen

Ein beträchtlicher Teil der Informationen liegt heute nicht mehr schriftlich, sondern in elektronischer Form im Internet vor. In der Bibliographie sind daher nur wichtige internationale Standardwerke sowie deutschsprachige Publikationen enthalten. Weiterführende Literatur ist in den aufgeführten Fachpublikationen verzeichnet. Die fremdsprachigen Publikatonen wenden sich mehrheitlich an ein Fachpublikum mit entsprechendem Hintergrundwissen.

Eine aktualisierte Bibliographie befindet sich unter http://www.prevart.ch/handbuch.html

Allgemein

Sandwith, Hermione; Stainton, Sheila (Hg.): *The National Trust Manual of Housekeeping*, London (National Trust) ³2000 (Reprint 2001, ¹1984, ²1991) (Neubearbeitung in Vorbereitung für 2003/2004)

Plowden, Anna; Halahan, Frances, *Looking after Antiques,* London (National Trust), ²2003 (¹1987), ISBN 0-707802-86-5

Hilbert, Günter S.: *Sammlungsgut in Sicherheit* (3. vollständig überarbeitete und erweiterte Auflage), Berlin (Gebrüder Mann-Verlag) ³2002 (¹1981, ²1996), ISBN 3-7861-2348-9

Kühn, Hermann: *Erhaltung und Pflege von Kunstwerken*, München (Prestel), ³2001 (¹1974, ²1982), ISBN 3-781404-28-5

John, Hartmut; Kopp-Sievers, Susanne (Hg.): *Sicherheit für Kulturgut! Innovative Entwicklungen und Verfahren, neue Konzepte und Strategien*, Tagungsband zur gleichnamigen Veranstaltung des Fortbildungszentrums Abtei

Brauweiler/Rheinisches Archiv- und Museumsamt 30.09. – 01.10.1999, Bielefeld (transcript Verlag) 2001, ISBN 3-933127-68-8

Koesling, Volker: *Vom Feuerstein zum Bakelit, Historische Werkstoffe verstehen*, AdR Schriftreihe zur Restaurierung und Grabungstechnik, Band 5/6, Stuttgart [1]2001 (Theiss), ISBN 3-8062-1501-4

Section Française de l'Institut International de Conservation (SFIIC): *Préserver les objets de son patrimoine, précis de conservation préventive*, Sprimont- (Pierre Mardaga, éditeur) [1]2001, ISBN 2-87009-766-2

Präventive Konservierung

Ashok, Roy; Smith, Perry (Hg.): *Preventive Conservation, Practice, Theory and Research*, Preprints of the Contributions to the Ottawa Congress, 12-16 September 1994, London 1994

La conservation Préventive, 3e colloque de l'Assiciation des Restaurateurs d'Art et d'Archéologie de Formation Universitaire, Paris 8-10 octobre 1992, Paris 1992, ISBN 2-907465-02-3

Depotplanung

Repp, Barbara (Red.): *Das Museumsdepot, Grundlagen – Erfahrungen – Beispiele*, München (Weltkunst-Verlag) [1]1998, ISBN 3-921669-27-8

Landesstelle für die nichtstaatlichen Museen beim Bayerischen Landesamt für Denkmalpflege: *Nicht ausgestellt! Das Depot – der andere Teil der Sammlung*, Tagungsbericht zum 9. Bayerischen Museumstag, Schweinfurt, 9.-11. Juli 1997, München 1998

Klima, Licht

Thomson, Garry: *The Museum Environment*, Oxford (Butterworth-Heinemann) [2]1986 ([1]1978), ISBN 0-750620-41-2

Schadstoffe in Museen und Depots

Hatchfiel, Pamela B.: *Pollutants in the Museum Environment, Practical Strategies for Problem Solving in Design, Exhibition and Storage*, London (Archetype Publications) [1]2002, ISBN 1-873132-96-4

Schädlingsproblematik

Florian, Mary-Lou: *Heritage Eaters, Insects & Fungi in Heritage Collections*, London (James & James) [1]1997, ISBN 1-873936-49-4

Florian, Mary-Lou: *Fungal Facts, Solving Fungal Problems in Heritage Collections*, London (Archetype Publications), [1]2002, ISBN 1-873132-63-8

Åkerlund, Monika et al. (Hg.): *Proceedings of the the 3rd Nordic Symposium on Insect Pest Control in Museums*, Stockholm 24-25 September 1998, ohne Ort und ohne Datum

Pinniger, David: *Pest Management in Museums, Archives and Historic Houses*, London (Archetype Publications) [1]2002, ISBN 1-873132-86-7

Papier, Grafik, Bücher, Schriftgut

Giovannini, Andrea: *De tutela librorum*, La conservation des livres et des documents d'archives/Die Erhaltung von Büchern und Archivalien (zweisprachig), Genève (Ed. de l'Institut d'études sociales) [3]2003 ([2]1999, [1]1995), ISBN 2-88224-031-7

Strebel, Martin: *Konservierung und Bestandeserhaltung von Schriftgut und Grafik. Ein Leitfaden für Archive, Bibliotheken, Museen und Sammlungen*, Urdorf [1]1995, ISBN 3-95209840-X

Fotografie

Dobrusskin, Sebastian; Hesse, Wolfgang et al.: *Faustregeln für die Fotoarchivierung*, Rundbrief Fotografie, Sonderheft 1, Esslingen (Stadtmuseum) [4]2001 (erweitert und aktualisiert), ISSN 0945-0327

Schmidt, Marjen: *Fotografien in Museen, Archiven und Sammlungen – Konservieren – Archivieren – Präsentieren*, München (Weltkunst Verlag München) [2]1995 ([1]1994), ISBN 3-921669-10-3

Lavédrine, Bernard: *A Guide to Preventive Conservation of Photograph Collections*, Los Angeles (Getty Conservation Institute) [1]2003, ISBN 0-89236-701-6

Textilien

Boersma, Foekje (red.): *Op de keper beschouwd*, Handboek voor het behoud van textilcollecties, Amsterdam (Stichting Textielcommissie Nederland), [1]2000, ISBN 90-803939-6-7

Finch, Karen; Putnam, Greta: *The Care and Preservation of Textiles*, Berkeley (Lacis) [2]1991 ([1]1985, based on *Caring for Textiles* 1977), ISBN 0-916896-37-4

Naturkundliche Objekte

Carter, David; Walker, Annette: *Care and Conservation of Natural History Collections*, Oxford (Butterworth-Heinemann) 1998, ISBN 0-750609-61-3.

Collins, Chris: *Care and Conservation of Palaeontological Collections*, Oxford (Butterworth-Heinemann) [1]1995, ISBN 0-750617-42-X

Möbel und Raumausstattungen

Rivers, Shayne; Umney Nick: *Conservation of Furniture*, Oxford (Butterwoth Heinemann) [1]2003, ISBN 0-750609-58-3

McGiffin, Robert F.: *Furniture Care and Conservation*, Nashville (American Association for State and local History), [1]1983, ISBN 0-910050-62-7

Musikinstrumente

Barclay, Robert L. (Hg.): *The Care of Historic Musical Instruments*, Ottawa (Canadian Conservation Institute) 1997, Co-published with the Museums & Galleries Commission (U.K.) and CIMCIM, ICOM's Musical Instrument Museum and Collections International Committee, with financial assistance from the John S. Cohen Foundation, ISBN 0-660-17116-3

Münzen und Medaillen

Welter, Gerhard: *Die Reinigung und Erhaltung von Münzen und Medaillen,* Braunschweig [5]1975

Ton, Keramik, Porzellan, Hohlglas

Oakley, Victoria; Jain, Kamal K.: *Essentials in the Care and Conservation of Historical Ceramic Objects*, London (Archetype Books) [1]2002, ISBN 1-873132-73-5

Glas

Davison, Sandra: *Conservation and Restoration of Glass*, Oxford (Butterworth-Heinemann), [2]2003 (1, ISBN 0-750643-41-29)

Objekte aus modernen Materialien

Quye, Anita; Williamson, Colin: *Plastics, Collecting and Conserving,* Edinburgh (National Museum of Scotland Publishing) [1]1999, ISBN 1-901663-12-4

Diverses zu verschiedenen Sachgebieten

Canadian Conservation Institute (CCI)/Institut Canadien de Conservation (ICC): *CCI Notes*, Ottawa 1983 – (bislang über 110 Themen, wird aktualisiert, revidiert und fortgesetzt), Loseblattsammlung zu Fragen der Erhaltung, Lagerung und Ausstellung von Kulturgut

→ Glossar

Akklimatisierung, Angewöhnung an die herrschenden (Raum-)Klimaverhältnisse.

archivecht, zur Verwendung in Archiven geeignete Materialien, welche die Archivalien nicht schädigen (z.B. säurefreies, gepuffertes Papier).

anorganisch, keinen Kohlenstoff enthaltende chemische Verbindungen (siehe **organisch**).

Archivalien, Objekte (Schriftstücke, Dokumente etc.), welche üblicherweise in Archiven aufbewahrt werden.

Ausgasen, Abgabe von gasförmigen Stoffen durch ein Material. Wird häufig im Zusammenhang mit der Zersetzung und Alterung von Holz, Kunststoffen oder Klebstoffen verwendet.

Befall, Verseuchung von Objekten durch Lebewesen (z.B. Insekten, Bakterien oder Schimmel).

Betriebskosten, Kosten, welche durch den Betrieb entstehen (Personalkosten, Stromkosten, Reinigung, Zinsen, Anlagenwartung, Gebäudeunterhalt etc.). Im Gegensatz dazu die **Investitionskosten.**

Brand(bekämpfungs)abschnitt, ein gegenüber anderen Gebäudebereichen brandschutztechnisch abgetrennter, ein- oder mehrgeschossiger Gebäudebereich mit besonderen Anforderungen an Wände und Decken.

Einlaufen, Schrumpfen eines Textils unter Feuchtigkeitseinwirkung (z.B. beim Waschen).

Farbscholle, sich vom Trägermaterial ablösende Scholle der Malschicht bei gefassten Objekten, z.B. bei Gemälden.

Feinstaubmaske, Staubmaske, welche vor Feinstaub schützt. Typenbezeichnung FFP 2 und FFP3. Letztere schützt auch vor kleinsten Partikeln, Schimmelsporen, Insektizidrückständen etc.

Feuchtreinigung, Reinigung mit Wasser im Gegensatz zur Trockenreinigung.

Feuchtpräparat, Tierpräparate, welche zur Konservierung in Alkohol oder Formalin eingelegt werden.

Formaldehyd, chemische Substanz, welche von vielen Werkstoffen, z.B. Holz und Kunstharzen, abgegeben wird und deren Abbauprodukte die Objekte schädigen können.

Fungizid, chemische Substanz zur Bekämpfung von Pilzbefall (fungi = Pilz).

gepuffertes Papier/Karton, hochwertige Papiere oder Karton, welchen bei der Produktion Zusatzstoffe (meistens Kalziumkarbonat) beigegeben wurden, um die im natürlichen Alterungsprozess entstehende Säure zu neutralisieren.

HEPA-Filter, High Efficency Particulate Air Filter, Luftfilter mit hoher Filterwirkung, welche auch bei Feinstaub, Pollen, Schimmelsporen etc. wirksam ist.

Hubwagen, Lagerhilfsmittel zur Verschiebung von Paletten.

Husse, Abdeckung aus Stoff zum Schutz von Möbeln gegen Staub und Licht.

hygroskopisch, wasserbindend (Gegenssatz: hygrophob, wasserabstoßend.)

ICOM, International Council Of Museums, Internationaler Verband von Museen und deren Mitarbeitern.

Insektizid, chemische Substanz zur Bekämpfung von Insekten.

Investitionskosten, Kosten welche für den Bau oder die Beschaffung aufzuwenden sind. Im Gegensatz dazu sind die **Betriebskosten.**

IPM, Integrated Pest Management, ein die gesamte Institution umfassendes Konzept zur Vorbeugung, Kontrolle, Erkennung, Bestimmung und Behandlung von Schädlingsbefall aller Art.

ISO, International Standard Organisation, internationales Normengremium, das wichtige Normen festlegt. Zum Teil sind die ISO-Normen inhaltlich identisch mit den Euro-Normen (EN).

Kiwi-Verpackung, analog zu den druckempfindlichen Kiwis im Lebensmittelhandel werden die Objekte so verpackt, dass sie seitlich nicht verrutschen können, nach oben jedoch sichtbar bleiben.

Klimatisierung, aktive, Aufrechterhaltung eines Raumklimas mittels technischer Anlagen (Lüftung, Entfeuchtung, Befeuchtung).

Klimatisierung, passive, durch massive Bauweise und gute Isolation eines Bauwerks bleibt das Raumklima im Innern weitgehend stabil ohne aktive Klimatisierung.

Konservierung, Maßnahmen zur Erhaltung und Stabilisierung eines Objekts mit dem Ziel, den Zerfall zu verlangsamen.

Kontamination, Verseuchung von Objekten, Einrichtungen etc. durch Chemikalien (z.B. Insektizide).

Kulturgut, im weitesten Sinne ein durch den Menschen hergestelltes, benutztes oder verändertes Objekt.

Lagergebinde, Behälter, in welchen Objekte in Depots aufbewahrt werden (z.B. Stapelbehälter).

Lagertechnik, Einrichtungen zur Lagerung von Objekten (Regale aller Art, Planschubladen, Gitterzugwände etc. Detailliertere Definitionen im Kapitel → I.6 *Lagertechnik und Lagergebinde zur Aufbewahrung von Kulturgut*).

Lignin, Faserbestandteil des Holzes.

Lösungsmittel, umgangssprachlich für alle organischen Lösungsmittel außer Wasser (z.B. Aceton, Ethanol etc.)

Luftschadstoffe, in der Luft enthaltene gas- und partikelförmige Schadstoffe (z.B. Schwefeldioxid, Ruß, Staub etc.).

Lüftung, Luftaustausch ohne Konditionierung der Außenluft durch Befeuchten oder Entfeuchten (siehe auch **Klimatisierung**).

Luftzirkulation, Bewegung der Luft.

MDF-Platten, Mitteldichte Faserplatten aus verleimten Holzspänen.

Mikroklima, örtlich beschränktes Klima, das vom Gesamtraumklima abweicht (z.B. in einer feuchten Ecke oder innerhalb einer ungeeigneten Verpackung.

Museumsobjekt, Objekt von hohem historischem oder künstlerischem Wert bzw. Objekt im Besitze eines Museums.

nassecht, die Farbe (z.B. eines Textils) blutet im Kontakt mit Wasser nicht aus.

organisch, Kohlenstoff enthaltende chemische Verbindungen, z.B. Holz, Kunststoffe, Fell etc.

PAT, Photographic Activity Test, Test zur Feststellung der Eignung von Materialien für die Archivierung von photographischem Material.

Pergaminpapier, meist glänzendes, leicht durchscheinendes, speziell behandeltes Papier. Wird oft zur Verpackung von Gemälden verwendet. Wird auch »Glasseinpapier« genannt.

Pheromone, spezifische Wirkstoffe, welche z.B. von Insekten (Motten) als Lockstoffe abgegeben werden. Synthetisiert finden sie Anwendung in der Insektenkontrolle.

Pulverbeschichtung, Verfahren zum Farbauftrag auf Metallen ohne bzw. unter geringer Verwendung von Lösungsmitteln.

präventive Konservierung, vorbeugende Maßnahmen zum Schutze des Objektes *ohne* Eingriff *am* Objekt selber (z.B. Klima, Sauberkeit, Sicherheit, IPM etc.).

Querlüften, Erreichen eines Durchzuges in einem Raum durch Öffnen zweier gegenüberliegender Fenster oder Türen.

Raumausstattung, sämtliche nicht ortsfesten Teile, die zur Ausstattung eines Raumes gehören (z.B. Täfer, Mobiliar, Wandbespannungen, Vorhänge, Teppiche etc.)

Restaurierung, im engeren Wortsinne die Wieder-Herstellung eines früheren Zustandes. Siehe auch **Konservierung**).

Rückseitenschutz, ein an der Rückseite von Gemälden angebrachter Karton, der die Leinwand von hinten schützt.

säurefrei, Papier oder Karton, das keine Säure und keine Restchemikalien enthält, welche Säure produzieren.

Seidenpapier (säurefrei), sehr dünnes Papier, das oft zum Verpacken von Objekten verwendet wird.

Stapelbehälter, stapelbare, oft aus Kunststoff bestehende Behälter, welche meistens ein Bruchteil der Europalettennorm sind.

Strich-Code, maschinell lesbare Umsetzung von Informationen (z.B. Inventarnummer) in Form einer Abfolge von Linien unterschiedlicher Stärke. Vereinfacht in Verbindung mit einer Datenbank die Bewirtschaftung großer Bestände.

Thermohygrograph, Messgerät zur Aufzeichnung (-graph) von Temperatur (thermo-) und relativer Feuchte (hygro-).

Tot-Mann-Anlage, am Körper getragenes Gerät, welches einen Alarm auslöst, sobald es in horizontale Lage gerät (z.B. bei einem Unfall).

Transponder, mit einem Lesegerät (Detektor) lesbare Kennzeichnung eines Objekts ähnlich der Diebstahlsicherung in Kleidergeschäften. Der Detektor ist allerdings in der Lage, das einzelne Objekt zu identifizieren.

Transportkissen, aus Trikotschlauch gefertigtes und mit Kügelchen aus Styropor gefülltes Kissen, das zur Polsterung von Objekten während eines Transports dient.

Transportsicherung, Sicherung gegen Verrutschen und Umfallen nicht verpackter, meist größerer Objekte für den Transport.

Traverse, bei massiveren Regalen zwischen die Rahmen eingesetzte Träger, auf welche der Fachboden zu liegen kommt.

→ Die Autoren

Joachim Huber, *1962

1984-1990	Studium der Kunst- und Architekturgeschichte an der Universität Bern
1990-1992	Konzeption und Aufbau des Inventars der kirchlichen Kunst im Kanton Thurgau
1992-1993	Nationalfondsstipendium zur Förderung der wisenschaftlichen Forschung
1994	Promotion an der Universität Zürich über Silberschmiedekunst des 11. Jahrhunderts
1994-1997	Wissenschaftlicher Assistent am Historischen Museum Basel
1996-1998	Berufsbegleitende Managementausbildung
1994-2001	Mitarbeit am Bestandeskatalog »Weltliches Silber II« des Schweizerischen Landesmuseums, Zürich
seit 1997	Mitbegründer und Co-Geschäftsführer der Firma **Prev*art*** GmbH, Konzepte für die Kulturgütererhaltung, Winterthur
2000-2002	Betriebsprojektleiter Bau und Logistik für das Projekt »Neues Landesmuseum« des Schweizerischen Landesmuseums, Zürich

Karin von Lerber, *1965

1984-1990	Ausbildung zur Konservatorin/Restauratorin für Textilien an der Abeggstiftung Rigisberg
1989	Reisestipendium im Rahmen des Nationalen Forschungsprogramms NFP 16, Methoden zur Erhaltung von Kulturgut
1990	Interimistische Leiterin des Textilateliers des Rheinischen Museumsamtes, Abtei Brauweiler
1990-1992	Getty Internship im Textile Department am Museum of Fine Arts, Bosten
seit 1992	eigenes Atelier für Textilkonservierung (seit 1999 in die Firma **Prev*art*** GmbH integriert).
seit 1997	Mitbegründerin und Co-Geschäftsführerin der Firma **Prev*art*** GmbH, Konzepte für die Kulturgütererhaltung, Winterthur
2002-2004	Studium an der Fachhochschule Bern, Fachklasse für Konservierung zu Erlangung des neu geschaffenen Fachhochschuldiploms in Textilkonservierung

Prev*art* GmbH, Konzepte für die Kulturgütererhaltung

Die beiden Autoren sind Co-Geschäftsführer der von ihnen gegründeten Firma **Prev*art*** GmbH, welche sich mit der Hintergrundarbeit in Museen auseinandersetzt. Die Firma berät Museen jeglicher Größe in Konzeptions-, Planungs- und Baufragen, in organisatorischen, betrieblichen sowie museums- und depottechnischen Fragen, in der Notfallplanung und Katastrophenbewältigung sowie in Fragen der präventiven Konservierung. Die Breite der angebotenen Dienstleistungen ist in dem Anliegen begründet, das Museum als System zu begreifen und interdisziplinär zu beraten. Ziel ist jeweils die langfristige Erhaltung des Kulturguts unter gleichzeitiger Berücksichtigung der Ansprüche von Öffentlichkeit und Forschung sowie der finanziellen Möglichkeiten einer Institution.

Zu den Kunden gehören Kleinmuseen, private Sammler, kirchliche Körperschaften ebenso wie große Institutionen wie das Schweizerische Landesmuseums in Zürich, das Museum der Kulturen in Basel, das Völkerkundemuseum in Wien und das Hessische Landesmuseum in Darmstadt.

Weitere Informationen sind unter http://www.prevart.ch abrufbar.

→ Dank

Der Inhalt dieses Handbuchs liegt in der Verantwortung der Autoren. Eine Vielzahl von Personen haben jedoch mit Informationen, Anregungen und Kritik zur Entstehung dieses Handbuches beigetragen. Ohne sie wäre das Buchprojekt nicht durchführbar gewesen. Ihnen allen sei an dieser Stelle gedankt, insbesondere Hartmut John, der es ermöglichte, dass das Handbuch in der Reihe der Schriften des Rheinischen Archiv- und Museumsamtes erscheinen konnte.

Der Illustratorin Ursina Lanz ist es gelungen, mit PIM, unserer Person Im Museum, eine Figur zu schaffen, die mit Humor und Witz den Leser durch das Buch begleitet. Sie verstand es, z.T. komplexe Aussagen in prägnante Zeichnungen umzusetzen, welche nun den Text auflockern. Wir hatten großen Spaß bei der Entwicklung und Ausarbeitung der Figur und der einzelnen Themen.

Besonderer Dank gebührt den Mitarbeitern des transcript Verlags, Bielefeld, für die Betreuung der Buchproduktion, die Gestaltung des Bandes sowie das sorgfältige Lektorat, im Verlaufe dessen sie sich mit den sprachlichen Eigenheiten von Schweizer Autoren auseinandersetzen mussten und den Text der neuen deutschen Rechtschreibung anpassten.

Besonderen Dank an:

Cécile (9) und Kristina (8) Huber, welche stets als erste die Illustrationen begutachteten und deren Vater in den letzten Monaten oft am Abend und an Wochenenden noch hinter dem Computer verschwand.

Schweizerische Bundesbahnen (SBB) für die freundliche Zur-Verfügung-Stellung von Putzsteckdosen in ihren neueren Intercityzügen. Sie erleichterten es, unproduktive Reisezeit in wertvolle und ungestörte Zeit für die Arbeit an diesem Handbuch zu verwandeln.

All jene, welche während der Erarbeitung dieses Handbuchs in irgendwelcher Form zu kurz kamen.

Bitte
nicht
berühren

Die Titel dieser Reihe:

Susann Qubeck
Museumsmarketing im Internet
Grundlagen – Anwendungen – Potentiale

1999, 172 Seiten,
kart., 20,50 €,
ISBN: 3-933127-39-4

Hartmut John (Hg.)
Shops und kommerzielle Warenangebote
Publikumsorientierte Instrumente zur Steigerung der Museumsattraktivität

2000, 132 Seiten,
kart., 21,00 €,
ISBN: 3-933127-55-6

Bernd Günter,
Hartmut John (Hg.)
Besucher zu Stammgästen machen!
Neue und kreative Wege zur Besucherbindung

2000, 132 Seiten,
kart., 21,00 €,
ISBN: 3-933127-57-2

Claudia Gemmeke,
Hartmut John,
Harald Krämer (Hg.)
euphorie digital?
Aspekte der Wissensvermittlung in Kunst, Kultur und Technologie

2001, 264 Seiten,
kart., 21,80 €,
ISBN: 3-933127-56-4

Andrea Hausmann
Besucherorientierung von Museen unter Einsatz des Benchmarking

2001, 346 Seiten,
kart., 25,80 €,
ISBN: 3-933127-72-6

Hans Scheurer (Hg.)
Presse- und Öffentlichkeitsarbeit für Kultureinrichtungen
Ein Praxisführer

2001, 180 Seiten,
kart., 25,80 €,
ISBN: 3-933127-67-X

Die Titel dieser Reihe:

Hartmut John, Susanne Kopp-Sievers (Hg.)
Sicherheit für Kulturgut
Innovative Entwicklungen und Verfahren, neue Konzepte und Strategien

2001, 170 Seiten,
kart., 21,00 €,
ISBN: 3-933127-68-8

Stefan Brüggerhoff, Ruth Tschäpe (Hg.)
Qualitätsmanagement im Museum?!
Qualitätssicherung im Spannungsfeld zwischen Regelwerk und Kreativität – Europäische Entwicklungen

2001, 236 Seiten,
kart., 21,80 €,
ISBN: 3-933127-69-6

Hans H. Clemens
Inventur im Museum
Rekonstruktion und Modernisierung traditioneller Sammlungsverwaltung
Ein Praxisleitfaden

2001, 188 Seiten,
kart., 21,00 €,
ISBN: 3-933127-73-4

Gabriele Kindler (Hg.)
MuseumsTheater
Theatrale Inszenierungen in der Ausstellungspraxis

2001, 226 Seiten,
kart., 21,80 €,
ISBN: 3-933127-70-X

Annette Hünnekens
Expanded Museum
Kulturelle Erinnerung und virtuelle Realitäten

2002, 272 Seiten,
kart., 25,80 €,
ISBN: 3-933127-89-0

Anne Koch
Museumsmarketing
Ziele – Strategien – Maßnahmen. Mit einer Analyse der Hamburger Kunsthalle

2002, 284 Seiten,
kart., 27,80 €,
ISBN: 3-933127-93-9

Evelyn Dawid, Robert Schlesinger (Hg.)
Texte in Museen und Ausstellungen
Ein Praxisleitfaden

2002, 172 Seiten,
kart., 25,80 €,
ISBN: 3-89942-107-8

Leseproben und weitere Informationen finden Sie unter:
www.transcript-verlag.de

Die Titel dieser Reihe:

Uwe Christian Dech
Sehenlernen im Museum
Ein Konzept zur Wahrnehmung und Präsentation von Exponaten

Januar 2003, 176 Seiten,
kart., 19,80 €,
ISBN: 3-89942-132-9

Karin Knaut-Bührmann, Nathalie Wöll
Linien, Formen und Farben
Mit Kindern unterwegs in Kunstmuseen

Februar 2003, 64 Seiten,
kart., zahlr. farb. Abb., 9,80 €,
ISBN: 3-89942-113-2

Hartmut John (Hg.)
»Vergleichen lohnt sich!«
Benchmarking als effektives Instrument des Museumsmanagements

April 2003, 126 Seiten,
kart., 18,80 €,
ISBN: 3-89942-135-3

Petra Schneidewind, Martin Tröndle (Hg.)
Selbstmanagement im Musikbetrieb
Handbuch für Musikschaffende

Mai 2003, 310 Seiten,
kart., 25,80 €,
ISBN: 3-89942-133-7

Hartmut John, Susanne Kopp Sievers (Hg.)
Stiftungen und Museen
Innovative Formen und zukunftsorientierte Modelle

Juni 2003, 120 Seiten,
kart., ca. 20,80 €,
ISBN: 3-89942-143-4

Joachim Huber, Karin von Lerber
Handhabung und Lagerung von mobilem Kulturgut
Ein Handbuch für Museen, kirchliche Institutionen, Sammler und Archive

Juni 2003, 194 Seiten,
kart., ca. 25,80 €,
ISBN: 3-89942-140-X

Alexander Schug
History Marketing
Ein Leitfaden zum Umgang mit Geschichte in Unternehmen

Oktober 2003, ca. 140 Seiten,
kart., ca. 22,80 €,
ISBN: 3-89942-161-2

Leseproben und weitere Informationen finden Sie unter:
www.transcript-verlag.de